交通运输国家级实验教学示范中心系列实验教材

智能仓库物流实验实训教程

主　编　易海燕
副主编　张光远　龚　迪

西南交通大学出版社
·成都·

图书在版编目（CIP）数据

智能仓库物流实验实训教程 / 易海燕主编. -- 成都：西南交通大学出版社，2025.1. -- ISBN 978-7-5774-0236-9

Ⅰ. F252.1-33

中国国家版本馆CIP数据核字第2024UA7754号

Zhineng Cangku Wuliu Shiyan Shixun Jiaocheng
智能仓库物流实验实训教程

主　编 / 易海燕

策划编辑 / 王　旻　周　杨
责任编辑 / 王　旻
责任校对 / 蔡　蕾
封面设计 / 吴　兵

西南交通大学出版社出版发行
（四川省成都市金牛区二环路北一段111号西南交通大学创新大厦21楼　610031）
营销部电话：028-87600564　　028-87600533
网址：http://www.xnjdcbs.com
印刷：成都中永印务有限责任公司

成品尺寸　185 mm×260 mm
印张　12.25　　字数　274千
版次　2025年1月第1版　　印次　2025年1月第1次

书号　ISBN 978-7-5774-0236-9
定价　39.80元

课件咨询电话：028-81435775
图书如有印装质量问题　本社负责退换
版权所有　盗版必究　举报电话：028-87600562

前言
PREFACE

  随着智能制造、智能装备等智能技术的不断发展和广泛应用，智能仓库作为智能制造和智能物流的重要组成部分，也正在受到业界的高度关注，并在不同的行业均有建设和应用。高校的实验室建设应该走在行业的前列，一些高校相继建设了各种形式的物流仓库实验室。但由于技术发展十分迅速，设备很快变得落后于先进技术，而高校实验室的现实是利用率不高，且受资金限制，实验室设备更新难以跟上新技术的发展，对实验室的整体改造更是难以实现。如何依托智能仓库实验室开设更多的实验课程，利用各种软硬件拓展实验课的形式，适当弥补实验室设备的不足，同时提高实验室的利用率，是物流仓库实验室的重要任务。

  本实训教程立足于西南交通大学交通运输与物流学院自动堆垛与智能分拣实验室，以及物流设备与应用实验和库存控制与仓储管理虚拟仿真实验。该实验室建于2018年，是一个典型的物流仓库实验室，一定程度上也存在以上一些问题。本实训教程在介绍与智能仓库作业相关的理论知识和智能仓库物流设备的基础上，重点开发了利用智能仓库实验室开设的各种实验课程，并结合仿真软件和虚拟设备，在不改变实验室设备的基础上开发智能仓库拓展实验课程。本实验教程不仅适用于西南交通大学自动堆垛与智能分拣实验室的物流设备与应用实验课程，也适用于其他高校的物流仓库实验室开展相关的实验课程，同时，还可帮助没有实训仓库的院校开展智能仓库的虚拟仿真教学。

  本教材由西南交通大学交通运输与物流学院易海燕任主编，张光远、龚迪任副主编。具体编写分工如下：易海燕编写了第2、3、5、7章以及第1章和第4章的部分内容；张光远编写了第6章和第1章的部分内容；龚迪编写了第4章的部分内容。

  在本教材编写过程中，王坤老师为本书提供了丰富的虚拟仿真实验资料；毕业于物流工程专业的叶运祥和李烨两位学生在智能仓库设备拓展实验部分也做了大量的支持工作，在此一并表示感谢。书中用到了大量的物流设备图片，有些图片来源于网络，感谢网络上的素材提供者。

  由于作者水平所限，难免有不足之处，恳请读者给予批评指正。

编 者
2024 年 5 月

目 录
CONTENTS

第 1 章　绪　论……………………………………………………………001
　　1.1　自动堆垛与智能分拣实验室介绍……………………………001
　　1.2　实验室主要设备及作业流程…………………………………005
　　1.3　仓库控制系统…………………………………………………016
　　1.4　仓储管理系统…………………………………………………019
　　1.5　库存管理与自动化仓储虚拟仿真实验系统…………………022

第 2 章　智能仓库物流作业……………………………………………028
　　2.1　什么是智能仓库………………………………………………028
　　2.2　智能仓储系统认知……………………………………………035
　　2.3　智能仓库的物流流程…………………………………………037

第 3 章　智能仓库主要物流设备………………………………………040
　　3.1　集装器具………………………………………………………040
　　3.2　储存设备………………………………………………………047
　　3.3　搬运及堆高设备………………………………………………058
　　3.4　输送设备………………………………………………………068
　　3.5　拣选和分拣设备………………………………………………078
　　3.6　包装设备………………………………………………………090
　　3.7　识别设备………………………………………………………095

第 4 章　仓库仿真软件…………………………………………………105
　　4.1　物流仿真软件介绍……………………………………………105
　　4.2　Flexsim…………………………………………………………107
　　4.3　AnyLogic………………………………………………………110
　　4.4　其他物流仿真软件……………………………………………112

第 5 章 主要物流设备实训及应用实验 …………………………………… 123

5.1 托盘、料箱的认知与堆垛操作实验 …………………………………… 123
5.2 装卸搬运设备认知与工作实验 ………………………………………… 124
5.3 托盘自动化立体仓库认知与操控实验 ………………………………… 126
5.4 料箱自动化立体仓库认知与操控实验 ………………………………… 127
5.5 物流输送设备认知与控制实验 ………………………………………… 128
5.6 自动分拣系统应用实验 ………………………………………………… 130
5.7 流通加工设备认知与操作实验 ………………………………………… 131
5.8 物流系统集成和物流信息设备认知与操作实验 ……………………… 132

第 6 章 库存控制与仓储管理虚拟仿真实验 ……………………………… 134

6.1 虚拟仿真实验模块 ……………………………………………………… 134
6.2 虚拟仿真实验考核要求 ………………………………………………… 148

第 7 章 基于仿真的智能仓库设备升级实验 ……………………………… 149

7.1 实验室仿真模型建立实验 ……………………………………………… 149
7.2 搬运设备升级实验 ……………………………………………………… 157
7.3 升降机的升级实验 ……………………………………………………… 159
7.4 机械手的升级实验 ……………………………………………………… 161
7.5 料箱自动化立体仓库的升级实验 ……………………………………… 163
7.6 设备升级集成实验 ……………………………………………………… 166

附录 1 ……………………………………………………………………………… 169
附录 2 ……………………………………………………………………………… 174
附录 3 ……………………………………………………………………………… 180
附录 4 ……………………………………………………………………………… 182
附录 5 ……………………………………………………………………………… 184
附录 6 ……………………………………………………………………………… 187

参考文献 ………………………………………………………………………… 189

第1章

绪 论

1.1 自动堆垛与智能分拣实验室介绍

自动堆垛与智能分拣实验室是西南交通大学交通运输与物流学院、山东兰剑物流科技股份有限公司共同设计建设的实验室,是学院综合交通运输智能化国家地方联合工程实验室的重要组成部分之一。自动堆垛与智能分拣实验室总面积(不包括二层钢平台)480 m²(长 40 m,宽 12 m),由 3 个互相联系的子系统组成,分别是滑块分拣子系统、料箱自动化立体仓库子系统和托盘自动化立体仓库子系统,各个子系统之间通过输送线、自动导引车(Automated Guided Vehicle,AGV)、升降机等设备连接起来。实验室二层的一侧是控制室和学生实验区;实验室的底层主要分为滑块分拣系统、料箱自动化立体仓库和托盘自动化立体仓库几个区域,如图 1-1 所示。

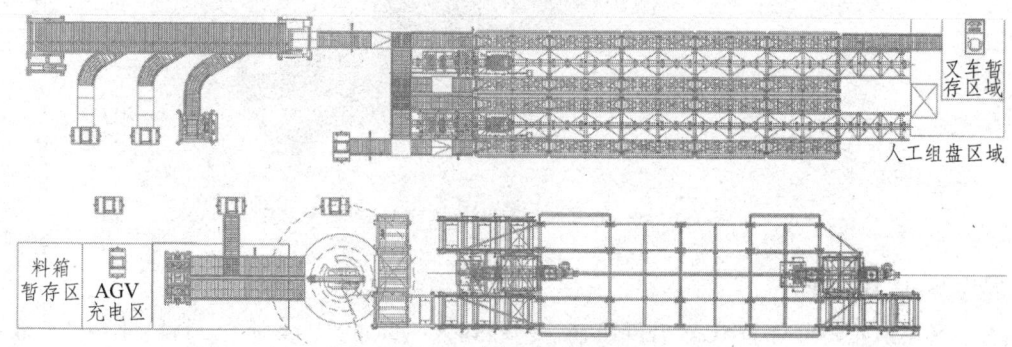

图 1-1 自动堆垛与智能分拣实验室底层布局

实验室的 3 个子系统之间通过两层的立体输送线路连接,以实现料箱的自动循环。其中,二层的辊子循环输送装置如图 1-2 所示,图的左侧钢平台区域为学生实验区(此区域未在图中表示出来)。

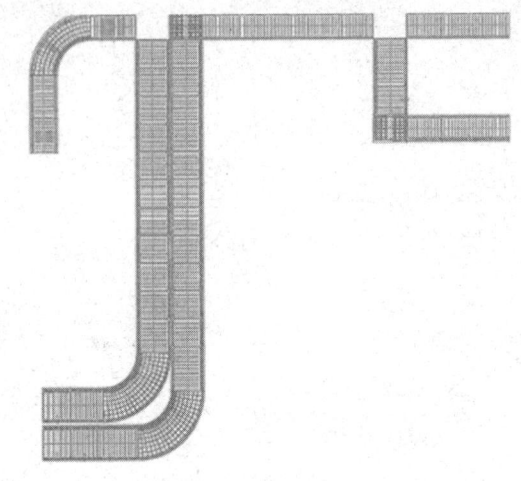

图 1-2 自动堆垛与智能分拣实验室二层输送线布局

实验室的整体效果如图 1-3 所示,实验室装备了高层货架、堆垛机、分拣机、输送机、升降机、堆码垛机械手、AGV 等多种自动化的物流设备,结合仓储管理系统(Warehouse Management System,WMS)和仓库控制系统(Warehouse Control System,WCS)两个软件系统,可实现仓储、包装、配送、流通加工、物流信息、装卸搬运等物流功能,还可完成如下 3 个流程的自动演示。

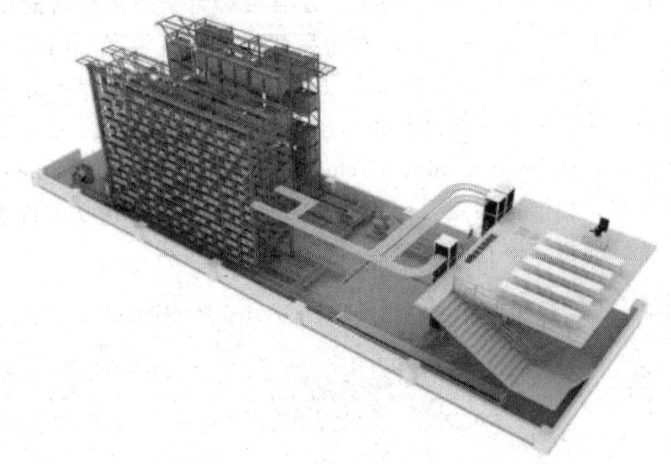

图 1-3 自动堆垛与智能分拣实验室整体布局

1. 全自动演示

料箱出库→分拣→AGV/升降机输送→料箱入库,如图 1-4 所示。料箱堆垛机夹取料箱置于辊子输送机上,经滑块分拣机分拣后送入与单工位升降机连接的辊子输送机,由单工位垂直升降机上升送到二楼输送线,经辊子输送装置送到料箱自动化立体仓库存储区二层入口;或经滑块分拣机分拣后由 AGV 送至料箱自动化立体仓库储存区指定入库口;由料箱堆垛机自动夹取料箱运送至料箱货架存储区的相应货位。

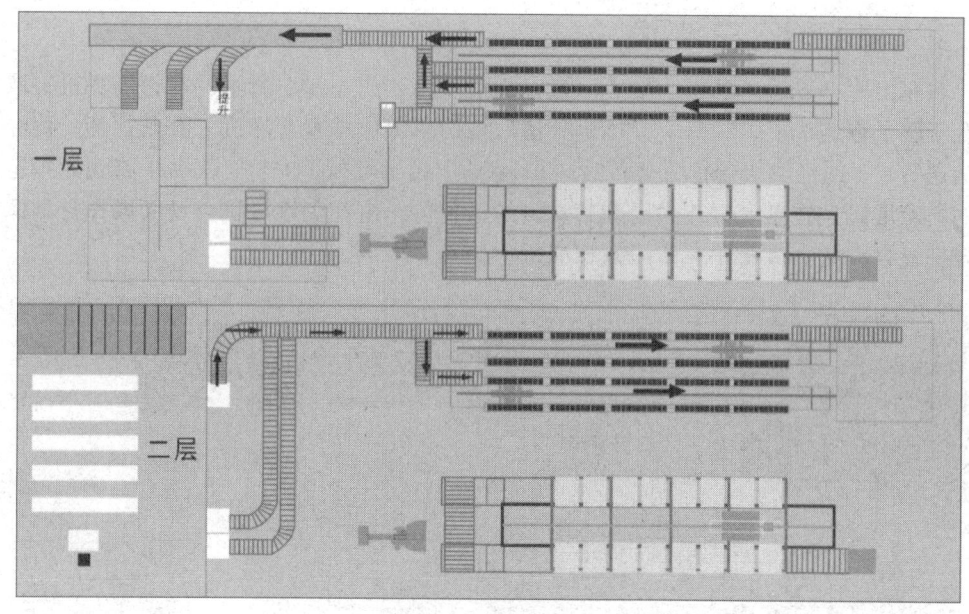

图 1-4　料箱拣货后送回料箱库的演示流程

2. 拆垛功能演示

托盘出库→机械手拆垛→料箱输送→料箱入库，如图 1-5 所示。托盘堆垛机叉取托盘货体置于链式输送机上，机械手将到达指定位置的托盘进行拆垛，并将从托盘上拆下来的料箱搬运到其左侧的送货位；使用双工位垂直升降机上升到顶部，经辊子输送装置送到料箱自动化立体仓库存储区二层入口；由料箱堆垛机自动夹取料箱运送至料箱货架存储区的相应货位。

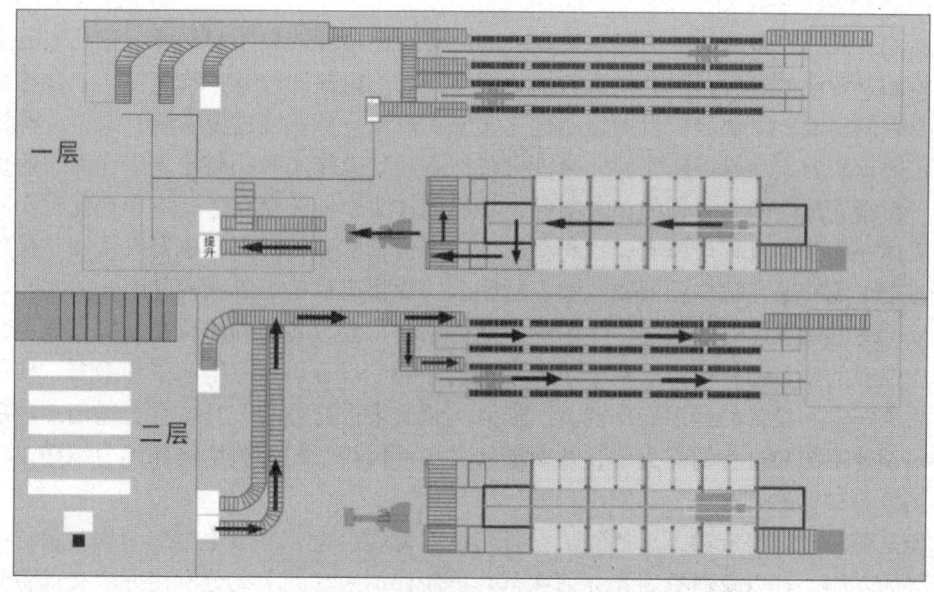

图 1-5　托盘拆垛后料箱存入料箱货架的演示流程

3. 码垛功能演示

料箱出库→输送→机械手堆垛码盘→托盘入库，如图 1-6 所示。料箱堆垛机夹取料箱置于辊子输送机上，经滑块分拣机分拣后使用单工位垂直升降机上升到顶部，再经辊子输送装置（或经滑块分拣机分拣后再由 AGV）送至机械手左侧；机械手将到达指定位置的料箱堆码至托盘上，并搬运到其右侧的送货位；由托盘堆垛机自动叉取托盘货体运送至托盘自动化立体仓库存储区的相应货位。

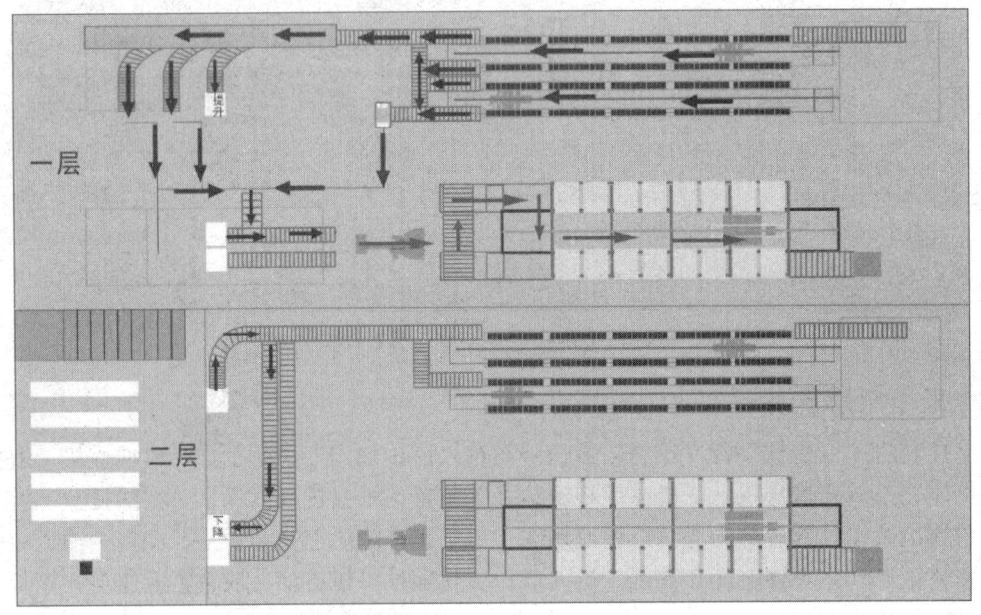

图 1-6　料箱堆码后存入托盘货架的演示流程

实验室能较完备地展示出除运输以外的所有物流功能的设备和作业。依托实验室可为物流相关专业的多门课程开设实验课，能够开设的实验课程有：物流输送、分拣系统认知与控制实验；滑块分拣机的性能优化实验；滑块分拣系统建模实验；滑块分拣机项目经济评价实验；堆垛操作实验；仓储设备的认知与操作实验；料箱立体仓库作业优化实验；料箱立体仓库与分拣的仿真实验；堆垛操作实验；托盘立体仓库作业优化实验；托盘立体仓库作业流程建模实验；托盘立体仓库仿真实验；拆码垛机器人认知与操作实验等，也可为交通运输专业的物流学、货物学、货物运输组织等课程开设相关实验。

实验室的建设能有效增强学生的动手能力和对物流设备的具体认知与操作能力，通过实验课程的学习和操作，有利于培养学生良好的工程意识和一定的工程素养，使他们具备物流技术和设备的运用操作能力，能对实验结果进行分析，具备综合运用理论和技术手段设计系统和过程的能力等，从而能够具备更加科学的知识结构和能力结构，更好地达到培养目标的要求。

但是随着时间的流逝，新的物流设备与技术发展迅速、层出不穷，而实验室受困于资金等的限制，难以及时更新，如何在节约更新成本的基础上充分利用好现有设备开展实验并优化实验内容，同时又能让学生掌握到最新的物流设备技术，这也对实验课程的开设提出了更高的要求。

1.2 实验室主要设备及作业流程

自动堆垛与智能分拣实验室主要设备包括料箱货架、托盘货架、料箱堆垛机、托盘堆垛机、滑块分拣机、输送机、升降机、机械手、AGV 等，其中一些主要设备的性能参数见表 1-1。除了以上这些主要设备，还有一些辅助设备，包括托盘、料箱、手动托盘搬运车、计算机、RFID 感应器、条码打印机、条码扫描仪和手持终端等。

表 1-1　主要设备及性能参数

设备名称	性能参数	
托盘堆垛机	行走速度	100 m/min
	升降速度	30-40 m/min
	单机能力	45 Pl/h (Pl 为托盘)
滑块分拣机	单机能力	900 Cs/h (Cs 为料箱)
单工位升降机	单机能力	300 Cs /h
双工位升降机	单机能力	300 Cs /h
机械手	抓取速度	8～10 s/个
料箱堆垛机	行走速度	180 m/min
	升降速度	180 m/min
	单机能力	100 Cs/h

1.2.1 料箱货架与料箱堆垛机

料箱自动化立体仓库如图 1-7 所示，主要由料箱货架和料箱堆垛机组成，每个货位有专门的编号或标识。料箱自动化立体仓库与滑块分拣机、辊子循环输送装置、料箱 AGV 相配合，完成料箱的迅速入库、上架、出库、下架等功能。

1. 料箱自动化立体仓库的主要功能

（1）料箱标识识别。

堆垛机自动夹取料箱时，由 WMS 指定其存储货位。

（2）料箱上架。

堆垛机根据料箱的货位指令，自动将料箱送到对应的存储货位并放入，同时给控制模块以反馈，确认料箱标识与货位的对应性。

料箱自动化立体仓库有 3 个入口，其中两个设在一层，一个设在二层，与辊子输送线连接，将通过对应辊子循环输送装置送过来的循环料箱堆垛上架。

图 1-7　料箱自动化立体仓库

（3）料箱下架。

控制模块给堆垛机指令（包括料箱标识和位置），堆垛机自动运行到相应货位，扫描条码正确后取出该货位的料箱，错误则不予处理，同时根据结果给控制模块以对应反馈。

料箱下架有两个出口，分别在料箱自动化立体仓库底层的两端，在近钢平台一端的出口下架的料箱送至滑块分拣子系统；在料箱货架远钢平台一端也配有一个料箱出入口，供人工处理料箱进出。料箱下架出口可在 WMS 系统中指定。

（4）异常预警。

堆垛机故障时，或者料箱标识与货位不对应时，予以提示并反馈回控制模块，操作人员可以在仓储管理平台及时查看。

（5）日常统计。

在一定时间内，对堆垛机上架、下架的次数、异常量等进行统计。

（6）紧急关停。

料箱堆垛机配备有紧急关停按钮，在紧急情况下使用，按下该按钮，料箱堆垛机停止工作，滑块分拣子系统也对应关停，其恢复后滑块分拣子系统对应恢复。

（7）循环入库。

料箱经由辊子循环输送装置至料箱自动化立体仓库二层左侧入口时，或者料箱经 AGV 系统输送至料箱自动化立体仓库底层右侧入口时，料箱堆垛机自动将料箱入库到料箱自动化立体仓库指定货位。

堆垛机是料箱自动化立体仓库中的主要设备。WCS 与堆垛机 PLC（Programmable Logic Controller，可编程逻辑控制器）网络通信，通过约定的交互协议进行任务的下发和执行。堆垛机空闲时，返回 WCS 空闲信号，WCS 下发任务，堆垛机接收到任务后，判断任务的正确性，如正确则开始执行，并返回 WCS 任务执行标志，执行完毕再次返回空闲标志。堆垛机根据任务分析料箱的起始地址和目的地址，同时行走和提升，由伺服控制和定位，到达起始地址夹取料箱，到目的地址推出料箱。堆垛机自身判断执行机构的运行状态，如出现故障，立即停机并实时返回 WCS 相应的故障信息，提示操作员进行处理。

2. 料箱堆垛机的动作分类

料箱堆垛机的动作整体分为 3 类：

（1）堆垛机整体水平移动，沿堆垛机天地轨进行水平移动，并通过伺服进行定位，同时地轨两端装有行程限位开关，严格控制堆垛机在安全范围内水平移动。

（2）堆垛机载货台垂直移动，沿堆垛机立柱导轨进行载货台的垂直升降动作，并通过伺服进行定位，同时立柱在上下两端装有行程限位开关，严格控制堆垛机载货台在安全范围内上下移动。

（3）拨爪伸缩移动，拨爪是指用来夹取料箱的取物装置，可以实现向两侧货架的伸缩，伸缩距离由程序进行控制。

1.2.2 托盘货架与托盘堆垛机

托盘自动化立体仓库如图 1-8 所示，由托盘堆垛机、托盘货架、出入库输送线、机械手和控制模块等组成，与下侧从双工位垂直升降机延伸连接出来的输送线衔接，实现托盘码垛、入库、上架、下架、出库、拆垛等功能。

托盘自动化立体仓库的主要功能有：

（1）托盘码垛。

通过双工位垂直升降机或料箱 AGV 输送的料箱，经由输送线送至设定位置，机械手夹取料箱，搬运完毕堆码到指定位置的托盘上，按指令堆码完毕送入库输送线。

（2）托盘识别。

设定合理的识别点位识读托盘的条码或 RFID，在托盘堆垛机帮助下，将托盘存于 WMS 指定的存储货位，或从指定货位取下需要的托盘。

（3）托盘上架。

堆垛机根据来自控制模块的托盘货位指令，自动将托盘送到对应的存储货位并放入，同时给控制模块以反馈，确认托盘标识与货位的对应性。

图 1-8 托盘自动化立体仓库

（4）托盘下架。

控制模块给堆垛机指令（包括托盘标识和货位），堆垛机自动运行到相应货位，扫描条码或识读 RFID 并确认后取出该货位的托盘，错误则不予处理，同时根据结果给控制模块以对应反馈。

托盘下架有两个出口，分别在托盘自动化立体仓库货架一层的两端，其中近钢平台的一端配有机械手码垛、拆垛，远钢平台的一端配有一个托盘出入口，供人工处理托盘的堆垛进出。托盘下架出口可在 WMS 系统里指定。

（5）托盘拆垛。

从左侧出库输送线过来的码有料箱的托盘被输送到指定的拆垛工位，机械手对托盘进行拆垛，并将拆下的料箱搬运至另一侧的辊子输送机上，然后经由双工位垂直升降机上升到二层，经辊子输送装置送至料箱立体仓库二层入口。

（6）异常预警。

堆垛机故障或者托盘标识与货位不对应时，予以提示并反馈回控制模块，操作人员可以在 WCS 平台及时查看。

（7）日常统计。

在一定时间内，对堆垛机上架/下架的次数、托盘入库/出库数量、异常量等进行统计。

（8）紧急关停。

托盘巷道堆垛机配备紧急关停按钮，在紧急情况下使用，按下该按钮关停，再按一次恢复。

托盘自动化立体仓库中的主要设备——托盘堆垛机，其工作原理和运动方式与料箱堆垛机基本一致。

1.2.3 机械手

拆码垛机械手位于托盘自动化立体仓库子系统中，其一侧与托盘堆垛机进行对接，另一侧通过辊子输送线与双工位升降机对接，如图1-9所示。机械手的机械机构属于混联式，在机械结构原理上属于直线运动，同时只有两个点，一个是抓取点，另一个是摆放点，这两点之间的轨迹全由计算机来控制。

图1-9 拆码垛机械手

1. 机械手设备的技术参数

（1）多关节式，配料箱夹抱抓手，实现料箱在托盘上的码垛和拆垛功能。

（2）适合料箱尺寸：400 mm × 300 mm，高280 ~ 300 mm，质量不大于30 kg（含料箱）。

（3）适合托盘尺寸：1000 mm × 1200 mm，高150 ~ 170 mm，托盘堆码参数：1000 mm × 1200 mm，高840 ~ 900 mm，最大承载质量1000 kg/Pl。

(4)速度:每8~10 s取(放)1箱,堆码后通过货型检测,正常放入托盘货架。

工作时,首先校准抓取点位置及托盘中心位置;设定码放样式、料箱参数及托盘参数,通过计算机自动计算出每个料箱的位置。然后上位机与机械手通过网络进行通信,并通过约定的交互协议进行拆码垛任务的下发和执行。待满足拆码垛作业条件时,机械手开始工作,运动控制器下达运动控制命令,由伺服驱动器接收运动控制指令并定位电机运行到达取放货的位置,然后通过电磁阀控制夹具气缸的动作完成料箱的夹抱与释放。

2. 机械手的主要功能

(1)托盘码垛。

从双工位垂直升降机或料箱AGV输送来的料箱,机械手从设定取货位夹取料箱,搬运完毕堆码到指定位置的托盘上,按指令堆码完毕送入库输送线。

(2)托盘拆垛。

从左侧出库输送线送至的码有料箱的托盘,机械手将指定位置的托盘进行拆垛,并将料箱搬运至位于其另一侧的送货位,使用双工位垂直升降机上升到二层,经辊子输送线送至料箱立体仓库二层入口。

1.2.4 滑块分拣机

滑块分拣机如图1-10所示,滑块分拣机的入口与料箱自动化立体仓库相连,设有一个直线方向的异常分拣口和3个平行角度为60°的常用分拣口,右侧第一个常用分拣口与垂直单工位升降机相连,实现料箱上行;另两个常用分拣口与料箱AGV行走线路对接,可将分拣后的料箱搬运至暂存区、料箱自动化立体仓库的底层入口,或托盘自动化立体仓库机械手的取货位。这两个分拣口也可由人工进行操作。

图1-10 滑块分拣机

分拣机内部安装有 7 个计数光电，通过对滑块的计数来确定滑块推送的时间。同时滑块下端装有类似导向轮的装置以及 3 组顶升气缸，无任务时滑块沿着直线行走，当顶升气缸顶升时导向轮改变原有运行轨道（类似铁路道岔换轨），滑块组即沿着 60°斜线运动。

料箱经过扫码器扫码，上位机把该料箱的分拣出口信息发送给 PLC，在料箱经过滑块分拣机前端的镜反光电时，PLC 控制分拣机下方的 7 个计数光电开始计数，并通过计数滑块经过的数量来控制该料箱对应分拣口的顶升气缸，顶升气缸开始动作，滑块（7 个）由直线运行变为 60°倾斜运行，把料箱推送至对应的分拣任务口。

1. 滑块分拣机的技术参数

（1）设备宽度：700 ~ 850 mm。

（2）设备长度：12 m。

（3）设备速度：30 m/min。

（4）设备能力：900 Cs/h。

（5）分拣方向：单侧分拣。

（6）分拣数量：3 个分拣口+1 个异常分拣口。

2. 滑块分拣机的主要功能

（1）料箱标识识别。

在系统入口，通过条码扫描实现对料箱的标识识别，并将识别结果传输给控制模块，控制模块通过数据库查询判断其分拣口，并指令相应的滑块动作。

（2）滑块推送分拣。

料箱被输送至滑块附近位置，其识别到的料箱标识与滑块等待的指令相匹配，滑块准确地进行料箱推送，将其输送到正确的分拣口。分拣结束通过垂直升降机/料箱 AGV/人工输送离开。

（3）多客户标识。

在自动分拣的过程中，同一分拣口，对多个客户订单会自动标识。

（4）异常预警

将异常料箱传送到异常分拣口，并通过声音/灯光予以提示；常用分拣口处，若积压料箱超过一定数量，或者客户料箱分拣错误（含类别和项数），同样予以提示。

（5）日常统计。

在一定时间内，对各分拣口的分拣料箱类型、数量、异常量等进行统计。

（6）自动提升。

料箱被送达分拣通道最右侧常用分拣口后，垂直升降机自动将其提升至顶部，并送至辊子循环输送装置中。

（7）紧急关停。

该子系统配备紧急关停按钮，在紧急情况下使用，按下该按钮，滑块分拣机停止工作,料箱自动化立体仓库子系统也对应关停,滑块分拣机恢复工作后料箱自动化立体仓库也对应恢复。

1.2.5 AGV

AGV 小车的运行区域位于料箱自动化立体仓库区与托盘自动化立体仓库区之间,负责衔接滑块分拣机左侧的两个常用分拣口与机械手及料箱货架的 AGV 入库口。实验室的 AGV 如图 1-11 所示。

图 1-11 磁条导引式 AGV

AGV 小车通过无线网络与上位机进行通信,并通过约定的交互协议进行任务分发及执行。小车通过磁条导引在规定的输送路线上进行运行,并通过单片机根据读卡器识别到的控制卡信息来控制小车的运动状态,比如直线运行、转向、减速及到位等。

1. AGV 小车的主要技术参数

(1) 单机尺寸:1115 mm × 600 mm × 733.5 mm。

(2) 导引方式:磁条导引。

(3) 行走方向:前进、后退、转弯。

(4) 最大载重:50 kg。

(5) 通信方式:Wi-Fi 网络。

(6) 行走速度:30 ~ 60 m/min。

(7) 控制方式:单片机控制。

(8) 安全性:避障传感器。

2. AGV 的主要功能

（1）在自动循环演示情况下，把滑块分拣机两个常用分拣口的料箱输送至机械手近钢平台一侧的输送口准备进行码垛。

（2）在半自动循环演示情况下，把滑块分拣机两个常用分拣口经过人工拣选后的料箱输送至料箱库的 AGV 入口处。

1.2.6 升降机

实验室的升降机包括一台单工位升降机和一台双工位升降机，如图 1-12 所示。

图 1-12 单工位垂直升降机（左）与双工位垂直升降机（右）

1. 单工位升降机

单工位升降机位于料箱自动化立体仓库，其入口位于一层，与滑块分拣机最右侧的常用分拣口对接，出口位于二层，与二层料箱辊子输送线连接。

单工位升降机将从滑块分拣机分拣口进入的料箱从一层提升至二层输送，为料箱进入双工位升降机或直接进入料箱堆垛机返库做准备。

2. 双工位升降机

双工位升降机位于托盘自动化立体仓库区，包含一个下降工位和一个提升工位。其提升工位入口位于一层，与机械手拆垛卸料箱工位对接，出口位于二层，与二层料箱辊子输送线连接。其下降工位入口位于二层，与二层辊子输送线对接，出口位于一层，与机械手码垛抓取料箱工位连接。

双工位升降机下降工位将由单工位升降机输送过来的料箱运送到一层输送，为料箱码垛做准备；提升工位将机械手拆垛完成的料箱提升到二层输送，为料箱进入料箱库做准备。

单工位和双工位升降机通过 PLC 主站接收命令,通过上位机进行命令分析,转换为电机脉冲数控制升降电机转动时间及转数,同时在升降过程中外置编码器与电机内置编码器实时接收脉冲数进行检验校核,确保电机位置模式的精确性,整个行程为闭环控制;当到达输送高度时,根据 PLC 任务指令进行输送动作,将料箱输送到目的层,并通过指示灯、显示屏等将输送信息展现在主机上。

1.2.7 输送设备

辊子循环输送装置架空部分离地约 4 m,与垂直升降机的出入口高度一致,其上下两层皆与两个垂直升降机相连,通过垂直升降机将辊子循环输送装置的上下两层连接起来。其中包括从料箱立体仓库到滑块分拣机、从双工位垂直升降机到机械手取货位的辊子输送线部分。辊子循环装置主要由多段辊子相连而成,在控制速度的位置和倾斜向上输送的位置采用辊子驱动的带式输送机(见图 1-13),转向部分由麦克纳姆轮、全向轮等转向装置(见图 1-14 和图 1-15)构成。其控制模块与两个垂直升降机、料箱自动化立体仓库协作,完成料箱的架空输送,实现料箱在托盘自动化立体仓库和料箱自动化立体仓库之间的双向循环。

图 1-13 辊子驱动的带式输送机

图 1-14 麦克纳姆轮转向装置

图 1-15 全向轮转向装置

辊子循环输送装置具有以下功能和特点：

（1）自动循环。

在自动模式下，单工位垂直升降机提升料箱约 4 m，该装置自动启动将料箱进行传输，传送至双工位垂直升降机后货物再下行至底层，送至托盘自动化立体仓库前机械手的取货位，供机械手码垛，码垛完毕由托盘堆垛机上架；下架的托盘，机械手拆垛完毕将料箱放至送货位，经双工位垂直升降机向上提升到顶部，再由辊子循环输送装置继续输送至料箱自动化立体仓库二层入口，由料箱堆垛机上架。

（2）自动测算。

根据料箱自动化立体仓库、滑块分拣子系统中当前的料箱数量测算或者控制模块指令，对双工位垂直升降机的提升和下降功能进行合理规划和准确执行。

（3）循环安全。

设计有必要的护栏，保证料箱在辊子输送循环装置中的传输过程中不掉落。

（4）紧急关停。

配备紧急关停按钮，在紧急情况下使用，按下该按钮关停，再按一次恢复。

在托盘自动化立体仓库子系统中，还有托盘出入库输送设备，位于机械手与托盘高位货架之间，负责将机械手码好垛的托盘输送至托盘自动化立体仓库入库，或者将托盘从自动化立体仓库出库输送至机械手拆垛。这部分托盘出入库输送设备主要由几段链式输送机（见图1-16）和辊子输送机（见图1-17）构成，转向装置为顶升式辊子输送机（见图1-18）。

图 1-16 托盘链式输送机

图 1-17　托盘辊子输送机

图 1-18　托盘输送转向装置

1.3　仓库控制系统

仓库控制系统（WCS）通过与 PLC、数据库系统的通信，实现与上层业务系统多种形式的有效对接，可以及时、准确地获取出入库作业任务。WCS 还可准确、可靠、高效地将作业任务下发给下层执行系统，完成出入库任务；及时获取下层执行系统的状态信息，完成任务状态的修改和设备状态的显示。在发生故障时，仓库控制系统能够通过色块的显示结合文字信息提示故障类型，并可通过简单、确定的操作进行部分故障的处理和设备状态的恢复。

1.3.1 仓库控制系统主界面

实验室的仓库控制系统主界面如图 1-19 所示，主界面分为 6 个区域，标题栏以下按从上到下、从左到右的顺序排列。

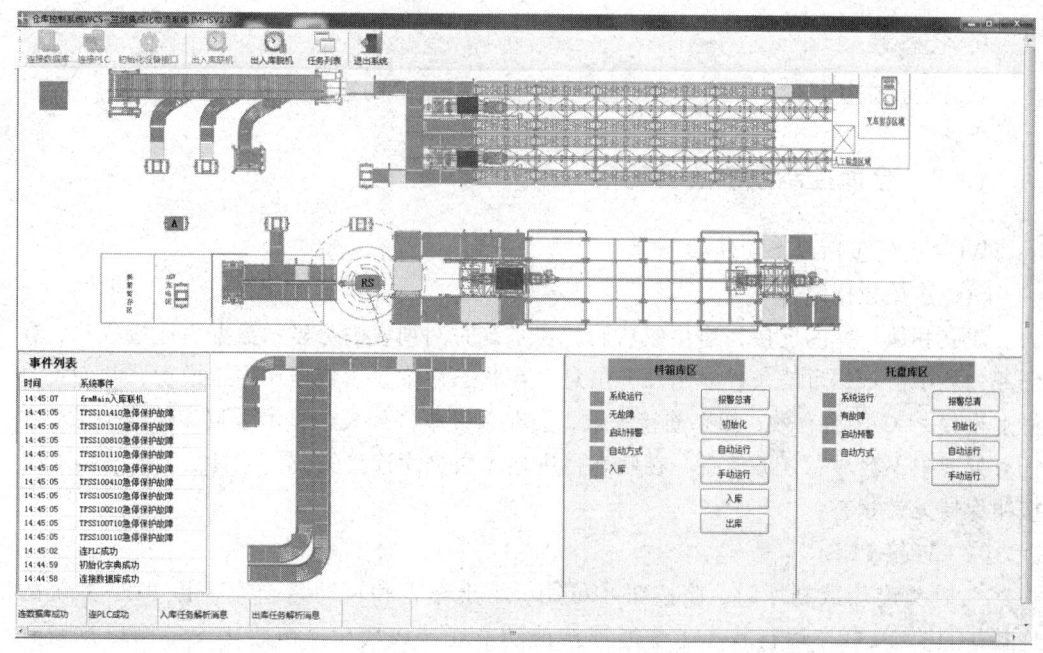

图 1-19 仓库控制系统主界面

1. 工具栏

工具栏在标题栏下方，包括 9 个功能图标，分别为连接数据库、连接 PLC、初始化设备接口、出入库联机、出入库脱机、任务列表、清空已完成数据、其他功能和退出系统。在打开 WCS 主界面后，需要依次点击连接数据库、连接 PLC、初始化设备接口、出入库联机等几个图标，成功联机后系统才能正常工作。

2. 一层图形显示区

一层图形显示区在工具栏下方，以图形的方式直观地显示了一层系统及控制柜和设备的状态，可通过双击相应的图片弹出状态显示和手动命令界面。

3. 系统事件列表

系统事件列表在图形显示区下方的左侧，用于显示发生连接数据库、连接 PLC、初始化设备接口、联机工作和脱机工作事件的时间和是否成功的结果。

4. 二层图形显示区

二层图形显示区在系统事件列表的右侧，以图形的方式直观地显示二层系统的状态，可通过双击相应的图片弹出状态显示和手动命令界面。

5. 料箱控制区和托盘控制区

料箱控制区和托盘控制区在主界面的右下角,其中料箱控制区在左侧,用于控制料箱区所有设备的手自动、初始化和报警清除功能。托盘控制区在右侧,用于控制托盘区所有设备的手自动、初始化和报警清除功能。

6. 状态栏

状态栏在主窗口的最下方,用于显示数据库和 PLC 的连接状态。

1.3.2 仓库控制系统主要功能

WCS 主要包括以下功能:

(1) 连接数据库。

建立和数据库的连接,连接成功后,在系统时间列表中,显示数据库连接成功,在任务列表中会根据过滤条件显示任务信息,在状态栏中显示数据库连接成功,并使工具栏上连接 PLC 按钮有效;如果连接失败,会在系统事件列表中显示数据库连接失败,在任务列表中不会显示任务信息,在状态栏中显示数据库连接失败,工具栏上的连接 PLC 按钮保持无效状态。

(2) 连接 PLC。

在成功连接数据库时,该按钮才可用,用于建立和自动化仓库主控 PLC 系统的连接。只有 PLC 在运行状态,才能连接成功。连接成功后,初始化设备接口按钮有效,程序会根据读取到的库区和控制柜数据,实时更新图形显示区的库区和控制柜的状态。

(3) 初始化设备接口。

程序根据配置数据建立和底层设备的连接和属性的对应关系。初始化设备接口成功后,程序会根据读取的设备数据实时更新图形显示区的设备状态,对于主监控系统,联机工作按钮变为有效。

(4) 入库、出库联机工作和脱机工作。

在联机工作状态时,系统从数据库中读取任务并将其分解为子任务,或根据设备状态向设备下发任务,或根据设备状态对任务报完成。在脱机工作状态时,系统对从数据库中读取的任务不进行任何操作,仅根据库区、控制柜和设备的状态,更新其图形显示。

(5) 任务列表。

任务列表如图 1-20 所示。当任务的实际执行情况和数据库中记载的任务执行情况不一致时,需要修改任务执行的状态,可通过任务列表功能完成对子任务状态的修改。

(6) 库区状态设置。

单击料箱库、托盘库控制区中的"自动运行"或"手动运行"按钮,就会将出入库区的状态设置为"自动"或"手动"。

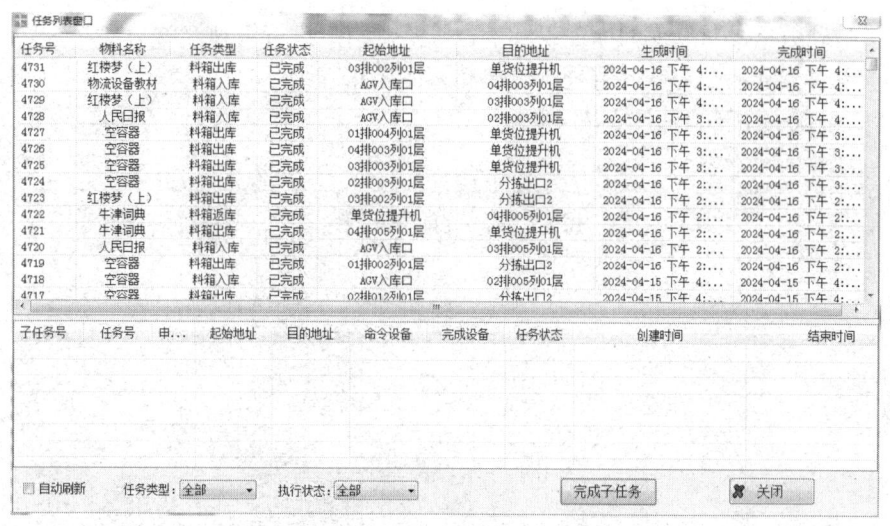

图 1-20　任务列表界面

输送机系统分为料箱库区和托盘库区两部分，在系统出现故障或维护时，需要手动控制输送机电机的运转和启停，此时需要将库区状态设置为"手动"状态；在需要输送系统自动执行时，需要将库区状态设置为"自动"状态。此状态的改变可通过料箱、托盘控制区按钮功能完成。

（7）库区初始化。

单击料箱库、托盘库控制区中的"初始化"按钮，完成初始化功能。

在调试设备时，输送系统任务可能会出现混乱，此时需要对输送系统进行初始化。初始化会清除所选库区输送系统上的所有数据，因此使用该功能时务必要小心谨慎。

（8）各设备的报警处理及清错。

当设备出现故障时，控制系统界面中对应的设备会显示红色（正常为绿色），双击显示各设备的图片，可进入该设备的状态显示及手动控制对话框，然后清除设备故障。若通过系统无法清除故障，则需要联系维修人员对设备进行检查维修。

（9）退出系统。

用于关闭自动化仓库监控系统。

1.4　仓储管理系统

实验室的 WMS 是专为自动堆垛与智能分拣实验室定制开发的用于仓储管理的计算机软件系统。WMS 主要包括以下 6 个功能：

（1）系统管理：实现本系统相关参数的设置。

（2）出入库管理：主要实现商品货物的入库以及出库的管理与维护。

（3）信息查询：主要对当前任务以及历史任务进行查询和操作。

（4）库存查询：主要是对仓库的商品、货物进行查询。

（5）基础数据：对仓库的库区以及货位等基础信息进行管理。

（6）空容器管理：对空容器进行出库和入库操作。

WMS 系统的主窗口如图 1-21 所示。

图 1-21　WMS 主窗口

WMS 的以上功能与一般的 WMS 产品的功能类似，能够满足仓储管理的基本要求。除了这些功能以外，实验室的 WMS 还有一个特殊的自动演示功能，用于模拟整个系统的运行过程，可以用于教学和参观时自动演示系统的相关循环功能。自动演示功能又分为完全自动演示、拆垛和码垛功能。操作界面如图 1-22 所示。

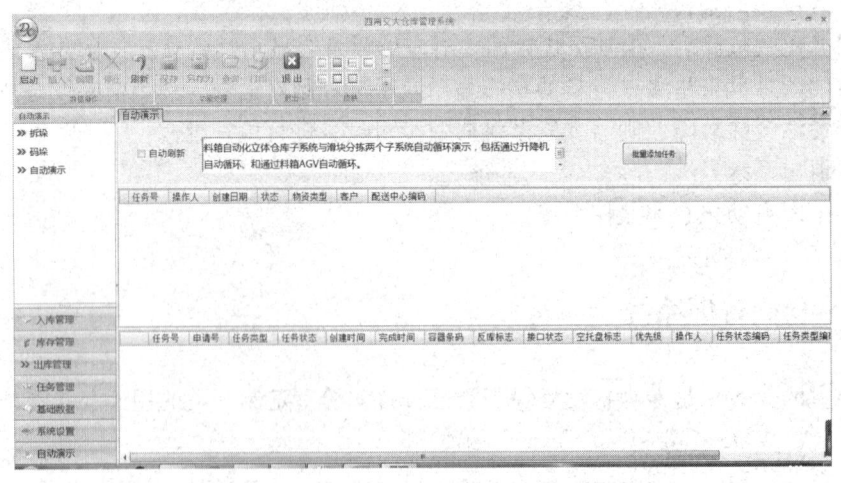

图 1-22　WMS 的自动演示界面

（1）自动演示：当在系统里点击【自动演示】→【自动演示】时，系统会自动从料箱库区出库料箱，通过输送系统送回料箱库区入库口重新入库。

（2）码垛：当在系统里点击【自动演示】→【码垛】时，系统会出现如图1-23所示的界面，点击【查询】按钮，加载数据，点击【确定】并确认后生成码垛任务。

设备会自动生成并执行空托盘出库任务、料箱出库任务、码垛任务、托盘返库任务。

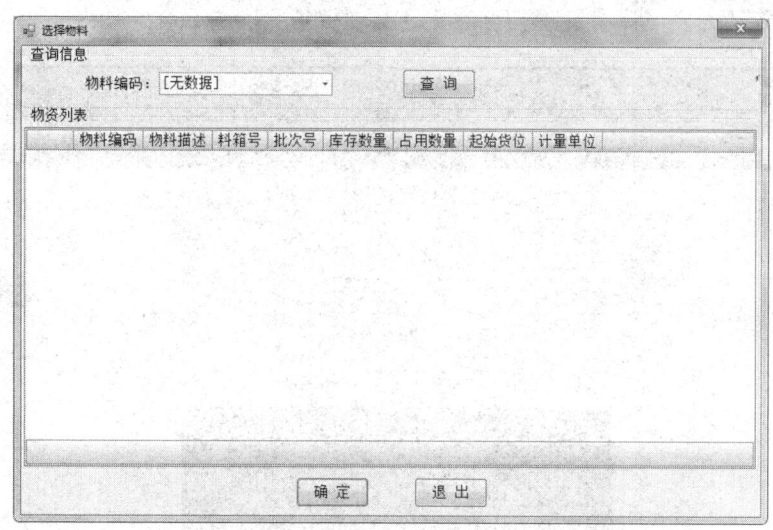

图1-23　自动演示码垛功能的查询界面

（3）拆垛：当在系统里点击【自动演示】→【拆垛】时，系统会出现如图1-24所示的界面，点击【查询】按钮，勾选选择框内的一个选项，点击【拆垛】并确认后生成拆垛任务。

设备会自动生成并执行托盘出库任务、拆垛任务、料箱入库任务、空托返库任务。

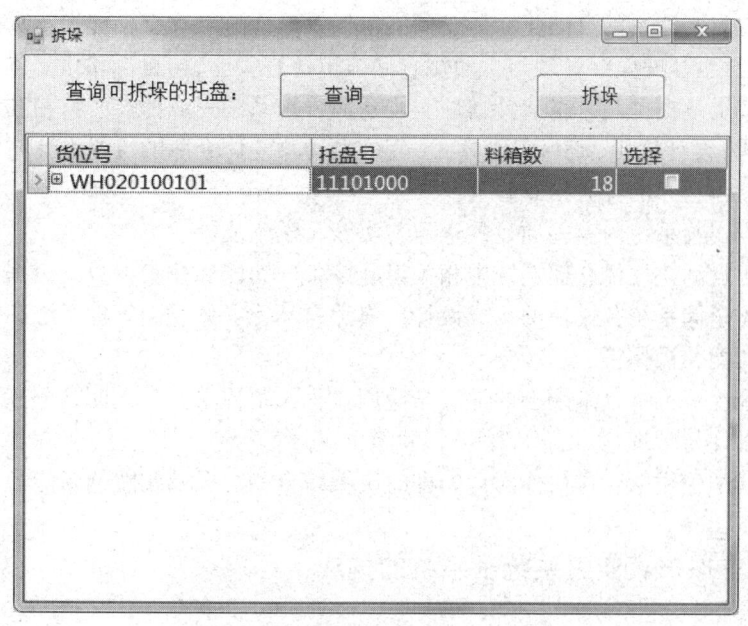

图1-24　自动演示拆垛功能的查询界面

1.5　库存管理与自动化仓储虚拟仿真实验系统

以自动堆垛与智能分拣实验室的实际设施设备与布局为背景，西南交通大学交通运输与物流学院还开发了库存管理与自动化仓储虚拟仿真实验系统，如图 1-25 所示。

图 1-25　库存管理与自动化仓储虚拟仿真实验系统

该实验系统以实际配送中心作业流程与管理需求为背景，依托西南交通大学交通运输与物流学院自动堆垛与智能分拣实验室，借助 3D 可视化技术、人机交互技术等现代信息技术，构建了逼真的自动化立体仓储实验场景。通过三维交互虚拟仿真实验系统的转换和优化，学生开展库存管理与自动化仓储虚拟仿真实验，构建自动化立体仓储系统，应用经济订货批量模型制订采购计划，应用仓储管理系统完成托盘、料箱在库内的出入库与倒库作业，设计拆垛、码垛组盘方式，完成自动化立体仓库的流程设计与作业管理，实现自动化立体仓库的实时信息管理。

通过对该实验系统内实验项目的学习与实践，学生能够：

（1）了解自动化立体仓储系统中相关设施设备的功能和技术参数，根据作业流程完成自动化立体仓储系统各模块的集成设计，熟悉自动化立体仓储管理系统、仓储控制系统等软件的功能及操作等。

（2）掌握经济订货批量模型的计算与应用过程，掌握采购、入库、分拣、出库、配送的全流程设计与管理。

（3）培养学生团队合作协作意识、即时决策综合能力以及实践创新能力。

1.5.1　虚拟仿真实验系统子系统的构成

库存管理与自动化仓储虚拟仿真实验系统也包含了多个子系统，包括系统与设备认知子系统、仓储系统布局子系统、自动化仓储作业系统等，可以引领学生与实验者对自动化仓储系统由浅入深地了解与掌握，与自动堆垛与智能分拣实验系统之间实现现实与虚拟的互相补充与配合。

1. 系统与设备认知子系统

系统与设备认知子系统又包括系统认知和设备认知两个部分。系统认知子系统如图1-26所示，帮助实验者了解整个自动仓储系统的全貌与布局，以及所包含的各个子系统的功能。设备认知子系统如图1-27所示，以文字和图片相结合的形式详细介绍和展示了自动仓储系统中不同设备的功能和特点。

图 1-26 系统认知子系统

图 1-27 设备认知子系统

2. 仓储系统布局子系统

仓储系统布局子系统如图 1-28 所示,通过软件形式将仓储系统各设备从整个系统中分离出来并单独对仓储系统中的各设备包括输送机、机械手、料箱和托盘堆垛机进行介绍,帮助实验者深入掌握自动化立体仓库的构成和运作。

图 1-28 仓储系统布局子系统

3. 自动化仓储作业系统

自动化仓储作业系统根据仓储作业的流程分为商品采购、商品入库、库内作业和出库配送 4 个子系统。

通过商品采购子系统(见图 1-29),实验者可以了解现有库存情况以决定是否采购,然后在实验系统的指引下完成商品采购。

图 1-29 商品采购子系统

采购进来的商品，通过商品入库子系统（见图1-30）完成入库作业并更新库存，在这个子系统中，实验者可以选择不同的入库策略，并为新增加的商品添加入库凭证。

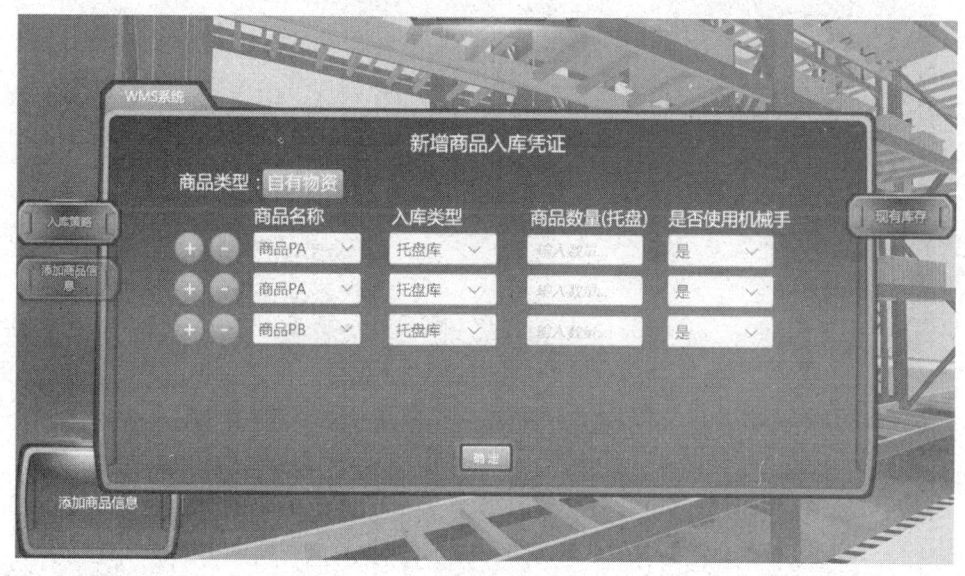

图1-30　商品入库子系统

通过库内作业子系统（见图1-31），实验者可以对商品进行转换库位、理货、拣货、分拣等作业。

图1-31　库内作业子系统

最后，通过出库配送子系统（见图1-32），实验者可以根据出库需求选择不同的出库方式，并对货物进行出库及配送。

图 1-32 出库配送子系统

4. 协同实验子系统

协同实验子系统如图 1-33 所示，实验平台允许多个实训室同时运行，不同实训室之间可以展开竞赛。不同的实验者可以扮演不同的角色，互相配合，接力完成整个实验，体验真实仓储物流工作中不同人员之间的配合。管理员也可协调进入不同实训室的人数，并在后台观察各实训室的运行数据。

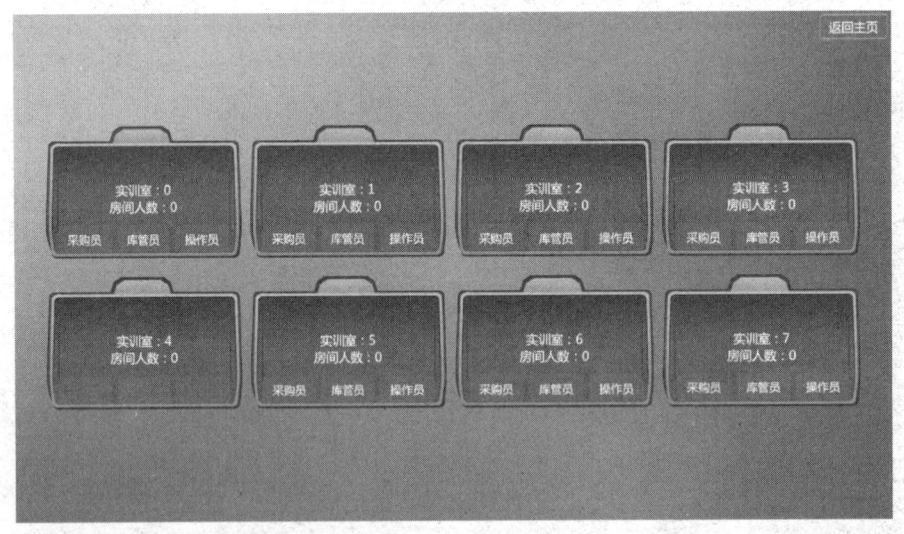

图 1-33 协同实验子系统

1.5.2 虚拟仿真实验系统的预设参数

库存管理与自动化仓储虚拟仿真实验系统的虚拟设备主要包括料箱自动化存储单

元、托盘自动化存储单元、堆码垛机械手、滚筒输送装置、滑块分拣装置等。实验平台也对初始商品预设了部分背景参数，主要包括以下类型：

（1）商品共两种类型，分别为 PA、PB。

（2）商品 PA 为 5×3 组盘，共 15 个料箱；商品 PB 为 6×3 组盘，共 18 个料箱。

（3）商品 PA 的初始库存为 20 料箱、0 托盘；商品 PB 的初始库存为 30 料箱、0 托盘。

（4）商品 PA 和 PB 均以托盘为单位到达。根据商品 PA 的出库历史数据，每次入库时商品 PA 有 50%的托盘需要拆垛，以料箱为单位进入料箱自动化存储单元。

除此以外，实验者还需要注册账号并登录，才能使用实验平台开展实验。

1.5.3 虚拟仿真实验系统教学方法

库存管理与自动化仓储虚拟仿真实验教学平台，将"有限的物理实验教学空间"拓展成为"无限的虚拟实验教学空间"，实现了多地、多校、多专业的实验教学资源共享。

实施过程包括在虚拟仿真实验教学平台上了解智能物流设备，预习自动化仓储的作业流程等相关知识，熟悉实验原理讲解及系统操作方法的电子文档和视频资料并进行测评；然后，根据实验指导书所示操作步骤进行实验，根据实验要求完成相关实验内容，教师可实时与学生进行线上互动交流，针对重点知识点及学生容易出错的步骤进行讲解指导，同时对学生的操作过程进行视频监督指导；最后，学生根据要求提交实验报告，教师对实验报告进行评阅。

学生可在实验室或教室、图书馆等有网络覆盖的地方，通过远程登录平台，自主调用实验教学资源，自由搭建实验项目、组合设计实验环节和配置实验岗位等，教师可远程监控、指导。

在实验教学过程中增加"交互体验"，仿真教学与运作实景相结合，实现"虚实结合"的仿真实验教学目的；增加"实验协同"环节，增强团队合作，提升学生对仿真实验的兴趣，增强主动学习的动力。

第 2 章 智能仓库物流作业

无论是什么类型的仓库，其基本的物流作业流程一般包括入库、储存和出库作业。在入库作业中，货物以托盘、纸箱、周转箱、散装货物箱等方式从送货车辆上卸下，经过验收后，根据货架储存方式选择是否需要码垛至托盘、放入周转箱等作业，然后被送至货架储存。储存过程中，需要对货物进行盘点，也可能需要对货架储存区域进行整理，同时要确保给货物提供合适的储存保管方法。出库作业中，货物被从货架上取下来，根据仓库功能的不同进行拆垛、拣选、包装、贴标签、分拣、集装等部分或所有作业程序，然后再被送至仓库出货月台装车等待运输。智能仓库的作业流程如图 2-1 所示，当然，根据仓库功能的不同、货物种类的不同，具体作业流程会有所区别。

2.1 什么是智能仓库

智能仓库是仓库自动化的产物。

与智能家居类似，智能仓库可通过多种自动化和互联技术实现。这些技术协同工作以提高仓库的生产率，最大限度地减少人工数量，同时减少错误。在传统仓库中，我们通常会看到工人随身携带清单，挑选产品，将产品装入拣货车，然后将它们运送到装运月台；但在智能仓库中，系统会自动收到订单，之后系统确认产品是否有库存，根据提货清单生成的取货命令发送给机器人推车或其他物流机器人，将订购的产品放入容器中，然后将它们交给机械手、机器人或人工进行下一步发货作业。

智能仓库主要包括自动化立体仓库和穿梭车式密集仓储系统（Shuttle Based Storage and Retrieval System，SBS/RS）。

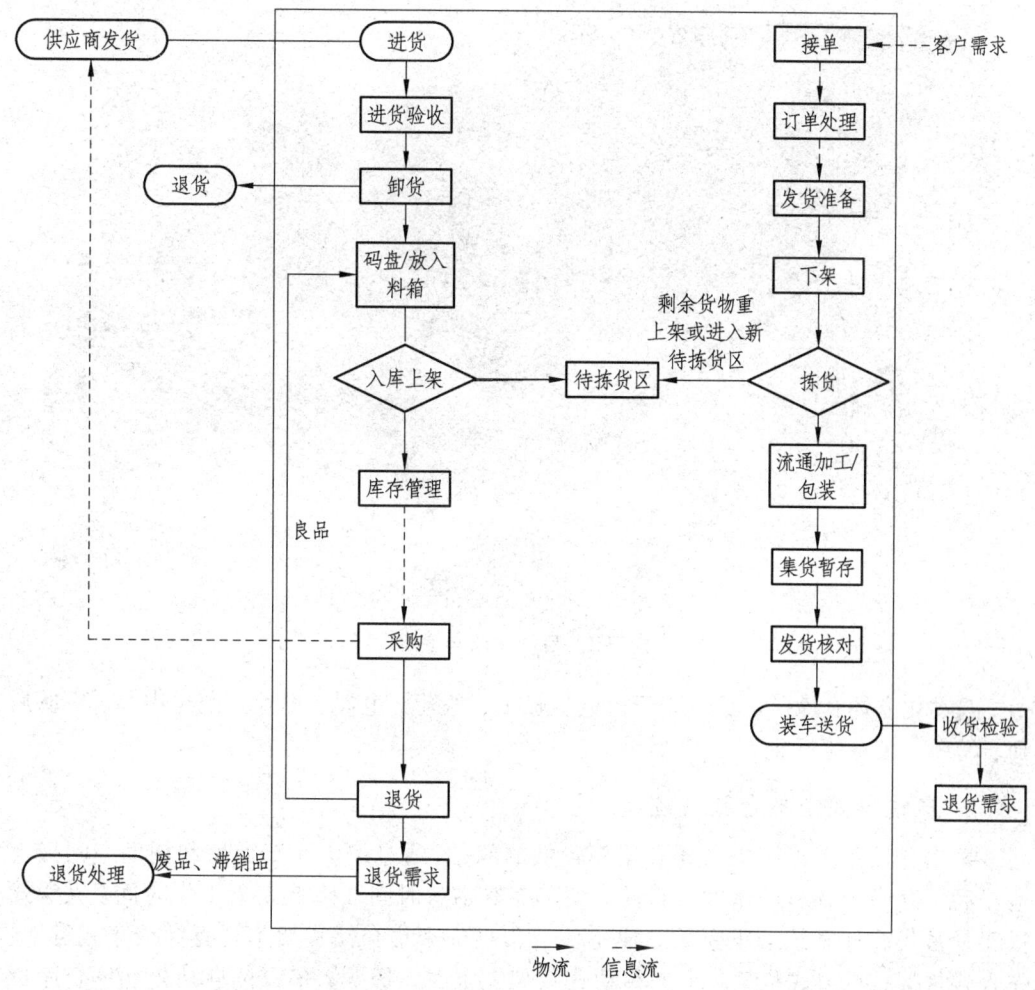

图 2-1 智能仓库作业流程

1. 自动化立体仓库

自动化立体仓库（Automatic Storage & Retrieval System，AS/RS）是现代物流系统的重要组成部分，是一种多层储存物品的高架仓库系统，一般由高层货架、巷道堆垛机、入出库输送系统、仓库控制系统（WCS）、仓储管理系统（WMS）及其周边设备组成，可对集装单元货物实现自动化保管和计算机管理。AS/RS 通过入出库输送系统将货物送至仓库货架前，由巷道堆垛机实现自动入库和出库，整个过程通过计算机网络化管理和自动控制系统完成。根据存储单元是托盘单元还是料箱，AS/RS 可分为托盘自动化立体仓库和料箱自动化立体仓库，以料箱为存储对象的 AS/RS 通常也称为 Miniload 系统。

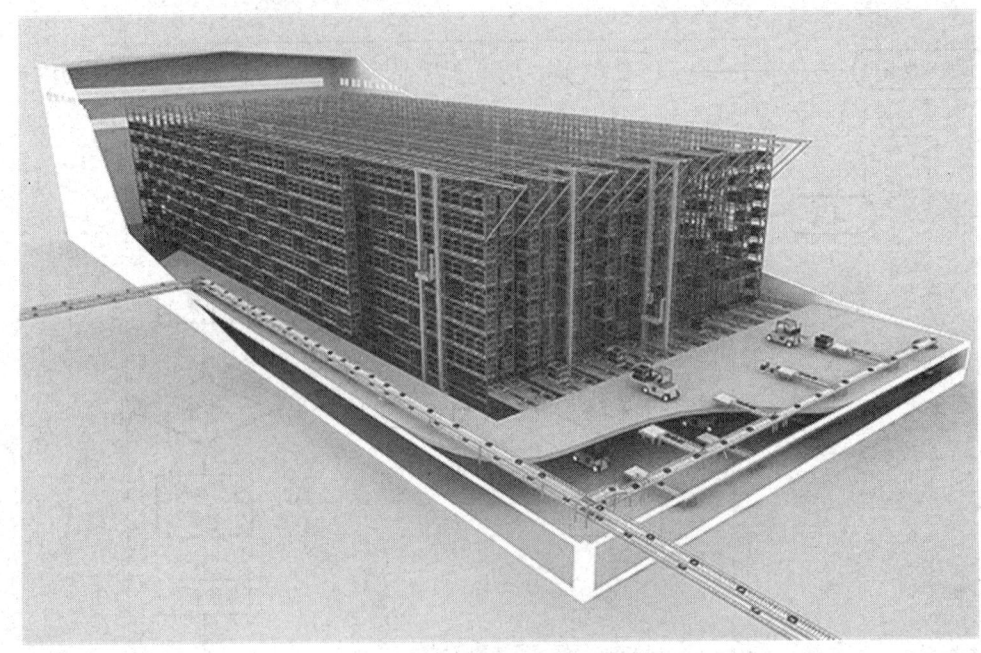

图 2-2 自动化立体仓库

自动化立体仓库已广泛应用于机械、轻工、医药、电器、商业、配送中心、军队后勤、纺织、烟草等行业。

2. 穿梭车式密集仓储系统

密集仓储系统可解决空间利用率较低的问题,通过取消叉车通道和辅助空间极大地提高了仓库内物料的密度,节省了叉车存取物料时间及降低工人工作时间。纵深式货架是密集仓储系统最重要的组成主体,常见的密集仓储货架主要有穿梭车式货架、驶入式货架、重力式货架、重型移动式货架、压入式货架、多深位自动化立体仓库货架等。

穿梭车式密集仓储系统是基于高密度货架、穿梭车及升降机、输送机等设备,配合仓库管理系统完成货物出入库作业,具有较高的空间利用率和存储效率的仓储系统。与AS/RS 相比,穿梭车式密集仓储系统存储密度更高、存取效率更高,系统柔性更强。穿梭车式密集仓储系统同样可以适用于托盘单元或料箱存储单元。由于穿梭车类型的不同,穿梭车式密集仓储系统又可分为穿梭板式密集仓储系统、子母穿梭车式密集仓储系统、四向穿梭车式密集仓储系统、多层穿梭车式密集仓储系统等,图 2-3 所示为四向穿梭车式密集仓储系统。随着穿梭车技术的进一步发展,穿梭车式密集仓储系统还会发展出更多的新类型。

除了上述两种比较通用的智能仓库类型以外,还有以旋转货架为主体的旋转货架式智能仓储系统,但因为旋转货架通用性不强,主要用于拣选作业中,在此不做专门介绍。

图 2-3 四向穿梭车式密集仓储系统

2.1.1 智能仓库的意义

智能仓库可实现仓库的信息自动化、管理精细化，指导和规范仓库人员的日常作业，完善仓库管理，整合仓库资源，并为企业带来传统仓库所不具备的多种价值，如图 2-4 所示。

智能仓库带给企业的价值
- 数字化管理，出/入库、物料库存量等仓库日常管理业务可做到实时查询与监控
- 提升仓库货位利用率
- 减少对操作人员经验的依赖性，转变为以信息系统来规范作业流程，以信息系统提供操作指令
- 实现对现场操作人员的绩效考核
- 降低作业人员劳动强度
- 降低仓储SKU的库存
- 改善仓储的作业效率
- 减少仓储内的执行设备
- 改善订单准确率
- 提高订单履行率
- 提高仓库作业的灵活性

图 2-4 智能仓库带给企业的价值

智能仓库的应用，保证了货物仓库管理各个环节数据输入的速度和准确性，确保企业及时、准确地掌握库存的真实情况，合理保持和控制企业库存。通过科学地编码，还可方便地对库存货物的批次、保质期等进行管理。通过库位管理功能，可以进一步及时掌握所有库存货物当前所在位置，有利于提高仓库管理的工作效率。

　　建立一个智能仓库系统需要物联网的鼎力支持，现代仓储系统内部不仅物品复杂、形态各异、性能各异，而且作业流程复杂，既有存储，又有移动，既有分拣，也有组合。因此，以仓储为核心的智能物流中心，通常采用的智能技术有自动控制技术、智能机器人堆码垛技术、智能信息管理技术、移动计算技术、数据挖掘技术等。物联网的应用可以将仓储系统作业化繁为简，大大提高整个仓储系统的物流效率。

　　随着智能化技术与智慧技术的进一步发展，智能仓库乃至智慧仓库在生产企业和物流企业中的应用会越来越广泛和深入，并随着网络技术和物联网技术的发展不断地融入供应链中，与上下游环节互动联通，拉动整个供应链的智慧化，实现供应链效率的提升。

2.1.2　智能仓库的优点

　　智能仓储系统是工业 4.0 快速发展的一个重要组成部分，它具有节约用地、减轻劳动强度、避免货物损坏或遗失、消除差错、提高仓储自动化水平及管理水平、提高管理和操作人员素质、降低储运损耗、有效地减少流动资金的积压、提高物流效率等诸多优点。具体来说，智能仓库的优点如图 2-5 所示。

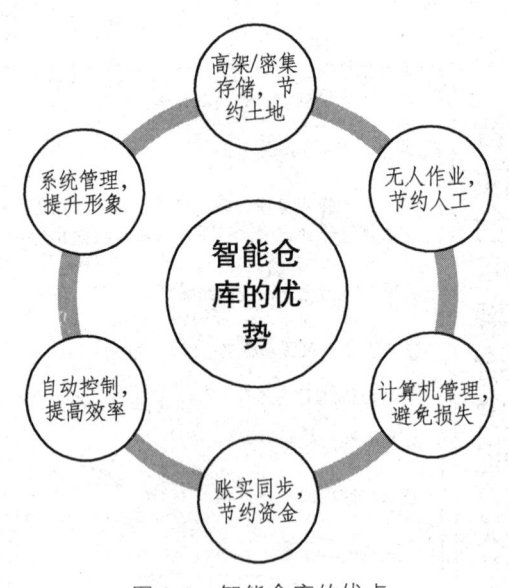

图 2-5　智能仓库的优点

1. 高架/密集存储，节约土地

　　世界上的许多国家，土地都是稀缺资源，物流用地亦是如此，无论是自建仓库还是租用库房,成本都较高,如何将有限的土地进行最大程度的利用是物流企业追求的目标。智能仓库装备有自动化高层货架或者密集式货架,能最大程度地利用空间,可大幅度降低土地成本。与普通仓库相比,一般智能立体仓库可以节省60%以上的土地面积,而穿梭车式密集式货架的空间利用率能达到80%~85%。

2. 无人作业,节约人工

智能仓库装备有各种无人化设备,如巷道堆垛机、无人叉车、穿梭车等,可以实现无人化物流作业,不仅能大幅节省人力资源,减少人力成本,无人设备的标准化作业还能降低物流作业对货物造成的损坏,也能够更好地适应黑暗、低温、有毒等特殊环境的作业,使智能仓库有更为广阔的应用前景。

3. 计算机管理,避免损失

智能仓库系统采用计算机进行仓储管理,可以对出、入库货物的数据进行记录、监控并发出库存预警,能够做到"先进先出""自动盘点",避免货物自然老化、变质,也能减少货物破损或丢失造成的损失。根据需要还可将库存数据上传至云端,实现云仓管理。

4. 账实同步,节约资金

智能仓储系统可以做到账实同步,并可与企业内部网融合。企业只需建立合理的库存,即可保证生产全过程顺畅,从而大大提高公司的现金流,减少不必要的库存,同时也避免了人为因素造成的错账、漏账、呆账、账实不一致等问题。虽然智能仓库初始投入较大,但一次投入长期受益,总体来说能够实现资金的节约。

5. 自动控制,提高效率

智能仓库的设备作业、货物的出入库都是由计算机自动化控制的,可迅速、准确地将物品输送到指定位置,减少了车辆待装待卸时间,可大大提高仓库的库存周转效率,降低存储成本。

6. 系统管理,提升形象

智能仓库系统的建造和应用,使得仓库一改以往杂乱的传统形象,变得高端整洁,不仅能提高企业的系统管理水平,还能提升企业的整体形象以及在客户心目中的地位,为企业赢得更大的市场,进而创造更大的财富。

2.1.3 智能仓库的缺点

智能仓库虽然有很多优点,但其缺点也不容忽视。智能仓库的缺点如图2-6所示。

1. 投资大、建设周期长

智能仓库建设是个系统工程,货架安装精度要求高,需要的配套设备多,设备之间的连接和软件管理系统都非常复杂,安装调试难度大,需要投入资金多,建设周期较长。

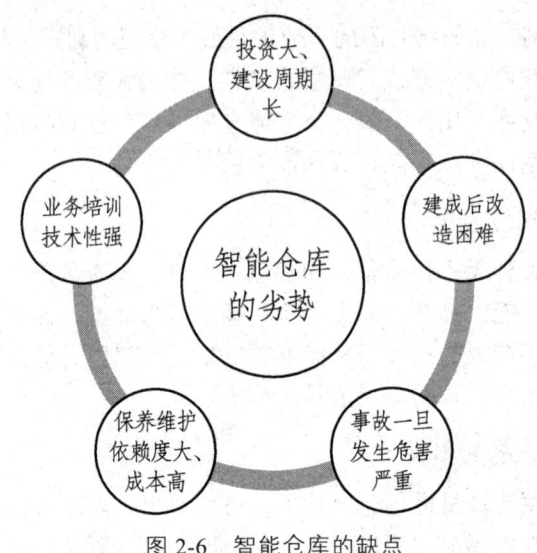

图 2-6 智能仓库的缺点

2. 建成后改造困难

智能仓库系统都是根据各企业的具体需求量身设计定制的,一旦建设完成,就限定了货架产品或其包装的最大尺寸和重量,超过规定尺寸或重量的货物,不能存入货架。此外,智能仓库中许多设备也是量身定制的,并且固定安装在仓库内,各设备间存在互相匹配作业衔接的情况,所以不能轻易改动,否则牵一发而动全身,可能导致其他设备也无法正常作业的尴尬被动局面。

3. 事故一旦发生,危害严重

由于智能仓库内设备的操作需要由计算机控制多个设备来协调完成,一旦某个关键环节如计算机控制软件系统出现故障,很有可能导致整个仓库都无法正常工作。另外,如巷道堆垛机、堆码垛机器人等设备都属于重量大、运转速度快的设备,如果工作人员稍有不慎与之发生碰撞可能会造成人员伤亡的重大事故;仓库内其他设备也可能由于故障或者操作不当造成触电、碰撞、卷入等安全事故。

4. 保养维护依赖度大,成本高

智能仓库是一个复杂的系统,为了维持这些装备长期稳定的正常运转,必须定期进行保养和维护,同时也要根据需要对部分软件进行升级。特别是对于技术含量高的装备和软件,如码垛机器人、自动控制系统等,必须由供应商的专业人士进行维修、维护和升级。这就需要客户与供应商保持长期联系,甚至供应商派人驻扎在客户处,以便于在系统出现问题时能第一时间解决问题,当然这样会导致售后成本高昂。

5. 业务培训要求高

智能仓库实行自动控制与管理,投资大、技术性强,一旦出现较大操作失误将会造成严重后果，各设备和系统的操作较为复杂。因此，需要对所有智能仓库设备的相关工作人员进行专门的业务培训，使之能胜任工作，这也给企业管理带来一定的难度。

2.2 智能仓储系统认知

智能仓储系统是一种通过计算机系统控制，能够对仓库和物料位置全面掌握，通过机器人小车和相关自动搬运设备实现自动出入库和仓储管理的一种系统。整个工作过程中不需要人工的直接参与，大大提高了工作效率。

2.2.1 智能仓储系统的构成

智能仓储系统是运用软件技术、互联网技术、自动分拣技术、光导技术、射频识别（RFID）技术、声控技术等先进的科技手段和设备对物品的进出库、存储、分拣、包装、配送及其信息进行有效的计划、执行和控制。智能仓储系统主要包括识别系统、搬运系统、储存系统、分拣系统以及管理系统，如图 2-7 所示。

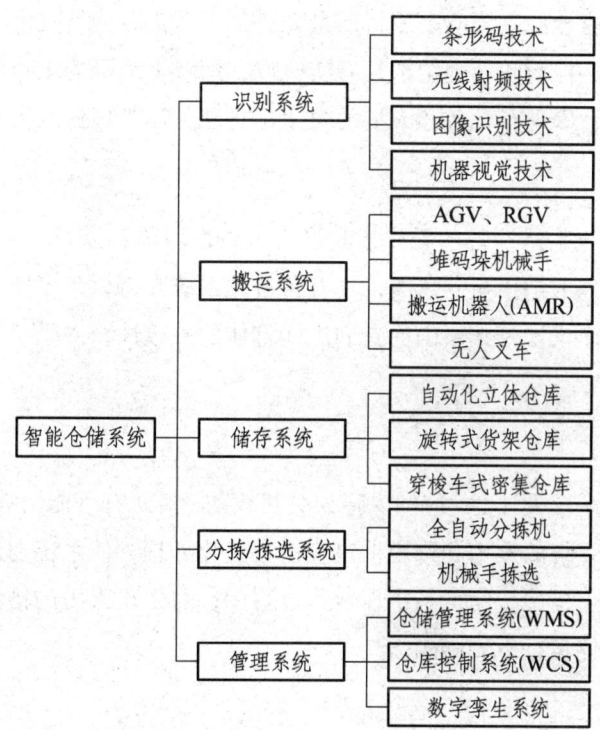

图 2-7 智能仓储系统的构成

2.2.2 智能仓储系统的设计原则

智能仓储系统的设计原则如图 2-8 所示。

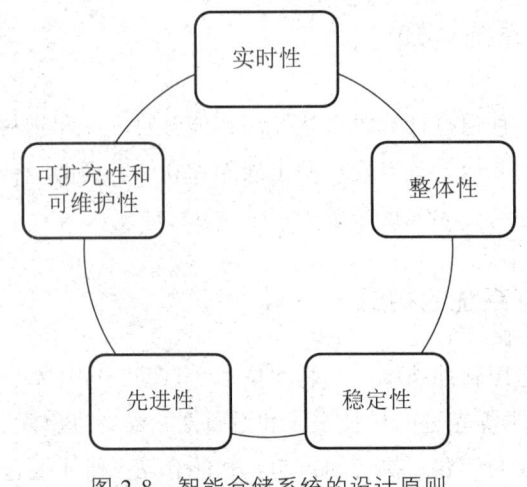

图 2-8 智能仓储系统的设计原则

1. 实时性

实时性是指智能仓储系统应采用目前最先进的高速无线网络技术，使得仓库的所有计划、操作、调度、控制和管理全部具有实时性，即线上线下的工作同时发生，不会产生滞后，以便提高仓库现有设备和人员的效率，实现物流管理的最大效益。

2. 整体性

整体性涉及无线手持设备、无线接收设备、数据库前台以及后台的数据库服务器。虽然它们之间在物理上是相互分离的，均有各自的系统支持，为了使各个部分能够统一协调地工作，在仓库设计时必须确保它们之间整体的一致性，接受统一的 WCS 系统的指挥控制。

3. 稳定性

稳定性是指在系统设计时，应加入错误分析模块，对所有可能出现的错误进行校验。另外，在设计中对系统的效率和稳定性也应进行优化处理，使系统在保证速度的同时确保稳定性。通过以上措施，使得系统在运行过程中，若出现人为的错误或系统一些随机错误时，系统的整体运行不受影响。

4. 先进性

先进性是指所设计的智能仓储系统应为集计算机软硬件技术、无线网络技术、互联网技术、条码自动识别技术和数据库技术等先进技术为一体的智能化与智慧化系统。

5. 可扩充性和可维护性

可扩充性和可维护性是指根据软件工程原理,智能仓储系统维护在整个软件的生命周期中所占比重是最大的。因此,提高系统的可扩充性和可维护性是提高系统性能,确保仓库长期正常高效运行的必备手段。

2.3 智能仓库的物流流程

2.3.1 入库作业

入库作业是对物品实体的接收,即对物品进行卸车、开箱、检查数量和质量,根据存储要求进行码盘或放入料箱,然后录入信息的过程。入库作业的质量直接影响到物品的储存保管以及出库业务等工作能否顺利进行。智能仓库的入库作业流程如图 2-9 所示。

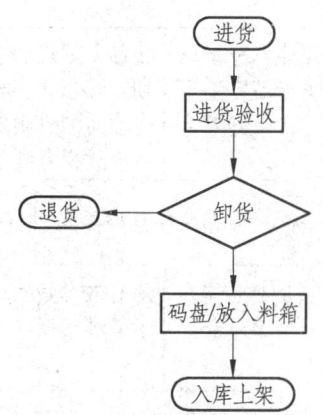

图 2-9 智能仓库的入库作业流程

依据订单信息制订进货作业计划时,必须掌握物品到达的时间、品类、数量及到货方式,并做出卸货、储位、搬运、人力、物力等方面的计划和安排。

货物卸下来后,仓库根据物品储存单元的要求对物品进行码盘作业(以托盘单元储存)或者拆箱放入料箱(以料箱单元储存)。根据不同企业仓库的布局和物品性质的不同,物品在仓库内的存储方式有专仓专储、分区分类储存和随机储存等方式。

在入库作业流程中,进货验收与卸货的作业根据实际情况可能会互相调换顺序。卸货作业可以采用的设备一般包括叉车、移动式或者伸缩式输送机,以及最新型的自动装卸机器人;进货验收可以采用 RFID 门型通道自动扫描进行确认并自动分配货位,也可以采用手持式扫描仪或地埋式识读器进行收货确认;码盘可以采用各种机械手臂或者码盘机;将零散的货物放入料箱可以采用机械手臂,或者结合搬运机器人或输送线由人工放入料箱。

对于先进的智慧化仓库,系统会在货物到达仓库前即为其分配好货位。

2.3.2 储存作业

物品检验入库后，仓库就应着手组织相关人员进行储存保管工作。各种在库品包括成品、半成品、其他物品等，都需要做好储存保管。对于前述我们提到的仓库类型，货物的储存方式以托盘、料箱为主，部分标准化程度高的货物也可以采用纸箱存储。物品储存期间，需要对物品做好保管和储存控制，提供合适的温湿度环境，还需要对物品进行定期或不定期的盘点，以确保物品账实相符。

各种物品均应储存在适宜的场地和库房，储存场所的条件应与产品保管要求相适应。保管、储存控制应符合以下要求：

（1）储存区域整洁。对温度、湿度和其他条件敏感的物品，应有明显的识别标记，并单独存放。

（2）储存方法适当。储存中可能会变质和腐蚀的物品，应按一定的防腐蚀和防变质的方法进行清洗、防护、特殊包装和存放。

（3）对储存品进行监控。对储存品的监控主要有4个要点，如图2-10所示。

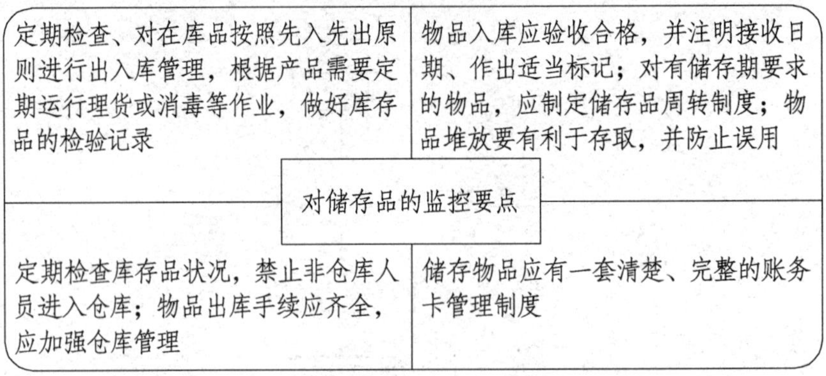

定期检查、对在库品按照先入先出原则进行出入库管理，根据产品需要定期运行理货或消毒等作业，做好库存品的检验记录	物品入库应验收合格，并注明接收日期、作出适当标记；对有储存期要求的物品，应制定储存品周转制度；物品堆放要有利于存取，并防止误用
	对储存品的监控要点
定期检查库存品状况，禁止非仓库人员进入仓库；物品出库手续应齐全，应加强仓库管理	储存物品应有一套清楚、完整的账务卡管理制度

图2-10　对储存品的监控要求

2.3.3 出库作业

根据仓库类型的不同，物品的出库工作有不同的要求和特点。对于中转仓库来说，产品出库量大，种类单一或较少，出库流程也简单，只要将需要出库的货物下架检查后装车运走即可，无须改变货物的集装形态（托盘或料箱等）。而对于配送仓库来说，产品种类较多，每种产品出库量小，配送目的地较多，出库工作复杂得多，需要经过拣货、包装、分拣、装车、配送等流程，如图2-11所示。

在出库作业流程中下架的工作可由叉车、堆垛机、穿梭车+提升机等设备来完成；拆垛及拆箱的工作一般是由机械手臂及专门的拆垛或拆箱机来完成；拣货作业可以由机械手臂完成或者由搬运机器人、输送线等配合人工来完成；包装作业可由人工或者各种包装机器人完成；分拣往往可以采用各种全自动的分拣设备如滑块分拣机、交叉带式分拣机等来完成；装车的工作可由叉车等来完成。

需要注意的是，在一些智能仓库中取消了拣货区，将存储区和拣货区合二为一，只保留了拣货工作站；也有一些仓库取消了待拣货区，由搬运设备和输送设备接力将装有待拣货物的料箱或托盘送至拣货工作站，待拣选人员拣取货物后，再将剩余的料箱或托盘送回储存区或者空容器暂存区。

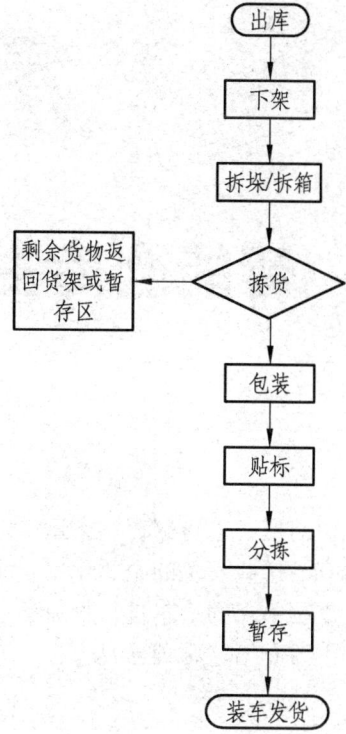

图 2-11 配送仓库出库流程图

第3章 智能仓库主要物流设备

3.1 集装器具

集装设备是指用集装单元化的形式进行储存、搬运、运输作业的物流设备，主要包括托盘、集装箱、滑板、集装袋等。这些设备的主要作用是将零散货物组合成集装单元，并以这些器具为承托物，形成集装单元的形态进行物流活动。一般仓库里常见的集装器具是托盘和料箱，因此本教材主要介绍这两种器具。

3.1.1 托 盘

托盘（pallet）是为了使物品有效地装卸、运输、保管，将其按一定数量组合放置于一定形状的台面上，这种台面有供叉车从下部叉入并将台板托起的叉入口，以这种台面为基本结构的平台和各种在这种基本结构上形成的集装器具都可统称为托盘。按制造托盘所使用的材料不同，托盘主要分为木制托盘、钢制托盘、塑料托盘和纸质托盘等，如图 3-1 所示。按托盘的构造形态不同，托盘又可分为平托盘、柱式托盘、箱式托盘、轮式托盘、滑片托盘和特种专用托盘等。

（a）木制托盘

（b）钢制托盘

（c）塑料托盘　　　　　　　　　　（d）纸质托盘

图 3-1　不同材料的托盘

1. 平托盘

平托盘几乎是托盘的代名词，只要一提托盘，一般都是指平托盘，因为平托盘使用范围最广，利用数量最大，通用性最好。平托盘根据其上下两面的形状结构和进叉的方式，又可分为不同的类型，如图 3-2 所示。

（a）单面型　　　　　　（b）单面使用型　　　　　　（c）双面使用型

（d）单面四向型　　　　（e）单面使用四向型　　　　（f）双面使用四向型

（g）单面使用双翼型　　（h）单面双翼型　　　　　　（i）双面使用双翼型

图 3-2　各种平托盘形状结构

我国平托盘标准尺寸有 1200 mm × 1000 mm、1100 mm × 1100 mm 两种规格，建议优先采用 1200 mm × 1000 mm 规格。托盘高度一般为 100 ~ 150 mm。

木托盘载质量有 50 kg、100 kg、500 kg、1000 kg、1500 kg 等 5 个级别。金属托盘载质量一般有 500 kg，1000 kg，1500 kg，2000 kg 等 4 种规格。

塑料和复合材料托盘的优点主要体现在其耐化学腐蚀、耐潮湿性和耐虫蛀性等方面，而且质轻、美观、寿命长、可回收。同时对所载物品的保护性能也较突出，因此广泛使用于食品、医药、烟草、化工等行业。

2. 柱式托盘

柱式托盘的基本结构是在平托盘的 4 个角装有固定式或可拆卸的柱子，如图 3-3 所示。柱式托盘的主要作用有：

（1）防止托盘上的货物在运输、装卸等过程中发生塌垛。

（2）利于柱子支撑重量，在托盘直接堆码时可以将上层托盘货物悬空堆载，而不用担心压坏下部托盘上的货物。

图 3-3　柱式托盘

3. 箱式托盘

箱式托盘是由沿托盘 4 个边上的板式、栅式、网式等栏板和下部平面组成的箱体，如图 3-4 所示。箱式托盘有固定式、折叠式和可卸式 3 种形式。

图 3-4　箱式托盘

箱式托盘多用于散件与散状物料的储运，一般下部可叉装，上部可吊装，并可以进行码垛。

4. 轮式托盘（物流台车、笼车）

在平托盘、箱式托盘或柱式托盘底部装上脚轮，就变成了轮式托盘，如图3-5所示。不同形式的轮式托盘又叫作物流台车或者笼车，既便于机械搬运，又适合短距离的人工移动。物流台车适用于企业工序间的物流搬运和物流配送中心的短距离零星搬运，也用于某些仓储式超市商场，作为顾客挑选商品时的暂存搬运工具。

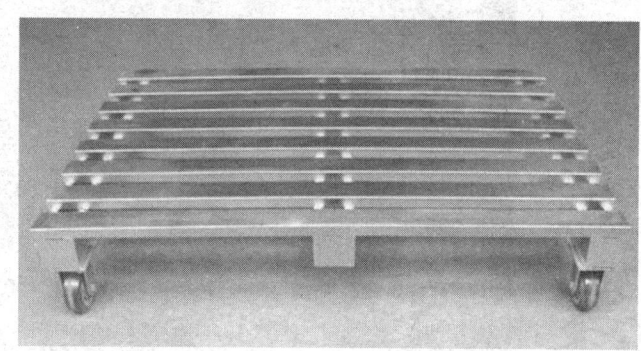

图3-5　轮式托盘

5. 滑片托盘/滑托板（Slip Sheet）

滑片托盘是一种新型托盘，是由瓦楞纸、板纸或塑料板简单地折曲而成的板状托盘，也叫薄板托盘，如图3-6所示。这种托盘没有叉孔，因此普通叉车不能直接叉取滑片托盘货体。为了与滑片托盘的使用相匹配，需要有带钳口推拉器的叉车。取货时先用推拉器的钳口夹住滑片托盘的壁板，将叉向前伸，并同时将托盘货体拉到货叉上，卸货时先对好位，然后用推拉器将滑片托盘货体推出，将货体就位。

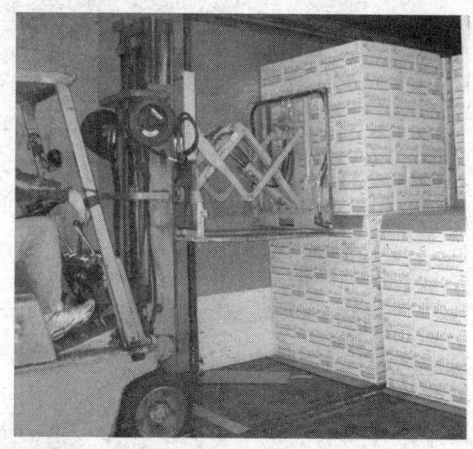

图3-6　滑片托盘

6. 特种专用托盘

特种专用托盘是根据产品特殊要求专门设计制造的托盘。特种专用托盘和通用托盘的区别在于它具有适合特定货物（或工件）的专用支承结构。图3-7~图3-9是部分特种专用托盘。

图3-7　轮胎专用托盘

图3-8　平板玻璃专用托盘

图3-9　油桶专用托盘

3.1.2　周转箱

物流周转箱，也称为物流箱、料箱，广泛用于机械、汽车、家电、轻工、食品电子及电子商务等行业，能耐酸耐碱、耐油污，无毒、无味，清洁方便，周转便捷，堆放整齐，便于管理。周转箱也适用于工厂物流中的运输、配送、储存、流通加工等环节。通过与多种物流容器和工位器具配合，用于各类仓库、生产现场等多种场合，有利于促进物流容器的通用化、一体化管理，是生产及流通企业进行现代化物流管理的必备品。

1. 周转箱的材料

常见的周转箱是塑胶周转箱，多采用具有高冲击强度的 HDPE（低压高密度聚乙烯）和 PP（聚丙烯）为原料一次性注塑而成。有些塑胶周转箱还配套了箱盖，有的箱盖是单独配套使用，一般都通用几款同类型的物流箱产品；有的是针对同一款箱设计的箱盖，箱盖与箱体连接或通过其他辅助配件与箱体连接为一体。还有些塑胶周转箱设计成可折叠式样，在空箱的时候可以减少仓储体空间。

采用 HDPE 材料制作的周转箱优点是有光泽，硬度、柔韧性强，抗击力强，适合装较重的产品（如叠高）；缺点是容易变形，耐寒耐热度不好。

而采用 PP 材料制作的周转箱具有定型度好、不易变形、柔韧性强、抗击力强、耐寒耐热等优点，缺点是无光泽、用后有白点、硬度稍差（过重、叠高时不太合适）。

2. 周转箱的结构

周转箱一般有 4 种结构，箱式结构、分隔结构、立库箱结构和欧标物流箱结构。相同规格的周转箱通常可以层层码放，不会挤压到箱中的货物。

（1）箱式结构。

箱式结构周转箱是指箱内无分隔的周转箱，如图 3-10 所示。这种周转箱结构坚固，内壁光滑，箱底设计有防滑纹路，承重强，可用于仓库、流水线的输送和分拣。表面平整，可以印字烫金，个性化定制。在箱体两侧一般有人性化把手设计，搬运不吃力。它用途非常广泛，除了在运输、周转和仓储使用之外，还能在货架、流水线上使用。

图 3-10　箱式结构周转箱

（2）分隔结构。

分隔结构周转箱（见图 3-11）非常适合零部件的存放，它有内部挡板设计，可以把周转箱分成等分的分格箱，分格箱常常用于五金、电子、机械等行业的物料存放。常见的分隔结构有 2 格箱、3 格箱、4 格箱和 8 格箱等。

图 3-11　分隔结构周转箱

（3）立库箱结构。

立库箱的结构，可以用于立体库周转、机械臂或机器人的抓取。如图 3-12 所示，立库箱的四周有标签卡预留区域，侧边设计有条形码和 RFID 芯片黏贴区域，更加智能化。

图 3-12　立库专用周转箱

立库专用周转箱的底部四周采用插接卡进行封闭，可以大大减少箱子意外跌落的破碎率。

（4）欧标物流箱结构。

欧标物流箱（见图 3-13）的特别之处在于它的承重能力较强，底部设计有加强筋，尺寸标准，可以满足很多行业的使用需求。

欧标物流箱的四周设计有预留孔，可以满足 RFID 技术的识别要求。

图 3-13　欧标物流箱

3. 周转箱标准

周转箱按尺寸可以分为大型周转箱、中型周转箱、小型周转箱。大型周转箱的宽度为 600~700 cm 及以上，中型周转箱的宽度主要为 400~500 cm，小型周转箱的宽度为 200~300 cm。

目前国内使用的周转箱的尺寸型号相当多，并没有一个统一的尺寸标准，大部分周转箱尺寸的发展趋势是向标准型塑料托盘配套尺寸靠近，如 600 mm × 400 mm 或 400 mm × 300 mm，这样方便产品的单元化管理。

3.2 储存设备

储存设备的形式种类相当繁多。由于储存物品的形状、重量、体积、包装形式、发货需求等不同，所使用的储存方式和储存设备也不相同。因此，必须搞清各种物品的储存特性和发货需求，以便选择合适的储存设备，提高物流作业效率。

物流中心的货物储存主要以单元负载的托盘储存方式为主，配合各种拣货需要，另外配备一定的容器、箱装品和单品的储存设备。储存设备一般包括各种货架和智能化仓储设备。本章节在介绍各种常用货架的基础上，再分别介绍自动化立体仓库和穿梭车式密集仓储系统的各种设备。

3.2.1 货架

货架泛指存放货物的架子。在物流设备中，货架是指用支架、隔板或托架组成的立体储存货物的设施。适当的货架储存可起到以下的作用：

（1）可充分利用仓库空间，提高仓库利用率，增大仓库储存能力。

（2）货架中的货物互不挤压，物品损耗小，有利于保证物品的使用价值。

（3）货架中的货物存取方便，不同的货架可满足各种要求的库存管理和存取需求，便于清点计量。

（4）可采取防潮、防尘、防盗、防污染、密闭、保鲜等措施，以提高物品的储存质量。

（5）现代新型货架有利于实现仓库的机械化作业和自动化管理。

货架的种类很多，不同的货物、不同的场所、不同的物流环节使用的货架都有可能不同。所以货架按照不同的分类方式可以有不同的种类，比较常见的分类方式有：按货架的制作工艺可分为焊接式货架和组合式货架；按货架与建筑物的结构关系可分为整体结构式货架（库架合一，货架直接支撑仓库屋顶）和分离结构式货架；按货架存储货物单元的形式不同可分为托盘式货架和容器式货架；按货架的高度不同可分为低层货架（5 m 以下）、中层货架（5~15 m）、高层货架（15 m 以上）；按货架承载货物的质量不同可分为轻型货架（每层货架载质量在 150 kg 以下）、中型货架（每层货架/搁板载质量 150~500 kg）和重型货架（每层货架载质量在 500 kg 以上）。目前，各种仓库中最常用的货架类型是组合横梁式货架，即使在自动化立体仓库和穿梭车式密集仓储系统中使用的也是组合横梁式货架或者是组合横梁式货架的变形形式。所以在这一部分里，我们主要介绍组合横梁式货架及几种变形的结构形式。

1. 横梁式货架

横梁式货架是指直接由横梁承载货物的货架，如图3-14所示。横梁式货架一般采用柱片与横梁挂接的结构，均为插接组合式，可以通过横梁调节层高，由横梁直接承载货物，整体材质一般为钢材，适合于承载量大且单元货架较长的情况。一般横梁式货架都是指存放托盘货物的托盘横梁式货架，料箱货架也可视情况采用横梁式或其变形的形式。横梁式货架是最流行、最经济的一种货架形式，其安全方便，适合各种仓库，直接存取货物，采用方便的托盘存取方式，有效配合叉车装卸，可以极大地提高作业效率。

图3-14 横梁式货架

由于货物是直接放置在横梁上，因此承载面不需要水平搁板，只需要横梁即可。

横梁式货架通常在高6 m以下，3～5层，在叉车进行存取作业的情况下，货架顶层横梁与天花板垂直距离不得小于230 mm。重型托盘横梁式货架立柱采用优质冷轧钢板辊压而成，横梁选用方钢，承载大，不易变形，单元载荷最高可达4000 kg。

横梁式货架在仓库中有单排连接和双排连接两种。横梁式货架的缺点是地面使用率偏低，不属于密集式货架。

2. 双深度货架

双深度货架又叫双深位货架，是一种采用剪叉前移式叉车（关于剪叉前移式叉车见

3.3.1 中相关内容）将货架设计成双排并列存放的货架形式，如图 3-15 所示。采用特殊叉车，巷道尺寸同 APR（可调式托盘货架）一样设计，广泛用于造纸、烟草、塑料制品、食品饮料、包装等行业。

双深度货架由重型横梁式货架衍生而成，由于货架的摆放密度更大，因此比横梁式货架的存货量更大，仓库面积利用率更高。

图 3-15 双深度货架

双深度货架的特点及用途如下：

（1）横梁高度较低，操作高度可达 8 m。

（2）中等的库存流动，提供 50%的空间可选性。

（3）由重型横梁式货架衍生而成，结构简便，储存量高，适用于存取货率较低的仓库，地面使用率可达 42%。

（4）叉车通道宽需要 3.3 m 左右。由于堆垛机货叉取货方向上有两排货物，故必须使用特殊的剪叉前移式叉车，货叉一般采用 5 级货叉。

（5）货物很难做到先进先出，为提高仓库利用率，一般存货时需考虑先存放后排货架，后存放前排货架。

（6）货物出货时，尽量将前后排货物一次性出掉，如果不能一次性出掉的情况太多，可能会影响到库存利用率或仓库作业效率。

3.2.2 自动化立体仓库

自动化立体仓库（AS/RS）也称为自动存取系统，作为现代物流系统的主要组成部分，是一种采用几层、十几层乃至几十层高的货架作为储存单元，用来存放物品的高架仓库系统。如图 3-16 所示，自动化立体仓库是由高层货架、堆垛机、自动控制系统、出入库输送机、计算机管理系统和周边设施组成的系统，能按指令自动用相应的物料搬运设备进行货物的存取，并对库存物品进行自动管理。

图 3-16 自动化立体仓库

自动化立体仓库的主要优点是：作业效率高，仓库空间利用率高，货损货差少，仓库管理智能化，适用于黑暗、低温等特殊环境。

自动化立体仓库的主要缺点是：投资大，建设周期长，运行费用高、维护复杂，难以应对储存高峰的需求，工艺要求高等。

自动化立体仓库已成为物流配送中心和企业物流不可缺少的仓储技术，越来越受到企业的重视。自动化立体仓库应用范围很广，几乎遍布所有行业，在我国，自动化立体仓库应用的领域主要有机械、冶金、化工、航空航天、电子、医药、食品加工、烟草、印刷、电子商务物流配送中心、机场、港口等。

1. 自动化立体仓库的分类

自动化立体仓库也可根据不同的分类方式分为不同的类型。

（1）按存储货物单元的形式，可以分为托盘式自动化立体仓库和料箱式自动化立体仓库（Miniload），如图 3-17 所示。与托盘式相比，Miniload 有更高的作业效率，往往使用在仓储区与拣货区合二为一的场景下。

（2）按货架的构造形式，可分为单元式货架自动化立体仓库、贯通式货架自动化立体仓库、水平循环货架自动化立体仓库和垂直循环货架自动化立体仓库。

（3）按照仓储的功能，可分为储存式自动化立体仓库和拣选式自动化立体仓库。

（4）按使用环境，可分为一般自动化立体仓库、低温自动化立体仓库、高温自动化立体仓库、防爆自动化立体仓库和特殊环境自动化立体仓库等。

（5）按导轨配置，可分为直线式、U 形和横移式 3 种。

（6）按货格深度方向存储托盘单元数量，可分为单货位、双货位和多货位几种。

（7）按出/入库工作台布置形式，可分为工作台单侧出/入库方式、两端出/入库方式和中间出/入库方式。

（8）按出/入库工作台配置高度，可分为同层出/入库工作台方式、异层出/入库工作台方式。

图 3-17　料箱式自动化立体仓库

2. 自动化立体仓库的主要构成

如前所述，自动化立体仓库由高层货架、堆垛机、自动控制系统、出入库输送机、计算机管理系统和周边设施组成。

（1）高层货架。

高层货架是自动化立体仓库的主要组成部分，特点是密度高，高度和长度较大，排列较多，巷道较窄。随着单元货物重量和仓库高度的提高，要求货架立柱、横梁的刚度和强度提高；随着仓库自动化程度的提高，要求货架制造和安装精度也相应提高。高层货架的高精度是自动化立体仓库的主要保证之一。

典型的高层货架的高度大多在 10～30 m，最高的有 40 m。

高层货架的规模由仓库库存量的大小来决定，大型自动化立体仓库往往规模极大，存储的货物单元达万种以上。

（2）巷道堆垛机。

高层自动化立体仓库一般采用的是有轨巷道堆垛机，即指堆垛机沿着巷道内的轨道运行。有轨巷道堆垛机由钢轨、带钢轮的立柱、取物装置等组成，带钢轮的立柱在钢轨上运行，取物装置在立柱上上下运动。这种堆垛机可以在地面导轨上行走，利用上部的导轨防止摆动或倾倒；或者相反，在上部导轨上行走，利用地面导轨防止摆动或倾倒。堆垛机的高度可达 40 m，额定载质量从几十千克到几吨，行走速度为 4～180 m/min，提升速度为 3～60 m/min。

有轨巷道堆垛机的整体结构高而窄，金属结构要求的刚度和精度比较高，堆垛机配备特殊的取物装置，常用的有伸缩货叉、伸缩夹具、拨爪或可对托盘、料箱等货物作业的机械手。

堆垛机的电力拖动系统同时满足工作速度快，启动、制动速度快，平稳和准确3个方面的要求。

有轨巷道堆垛机有不同的类型。按支撑方式，可分为地面支撑型堆垛机和悬挂型堆垛机；按立柱结构形式，可分为单立柱堆垛机、双立柱堆垛机和四立柱堆垛机；按运动轨迹/导轨配置，可分为直线导轨式堆垛机、曲线导轨式堆垛机（转轨堆垛机）、横移导轨式堆垛机，以及辅助导轨式堆垛机；按存取货物方式，可分为托盘有轨巷道堆垛机和料箱有轨巷道堆垛机。不同形式的巷道堆垛机如图3-18所示。

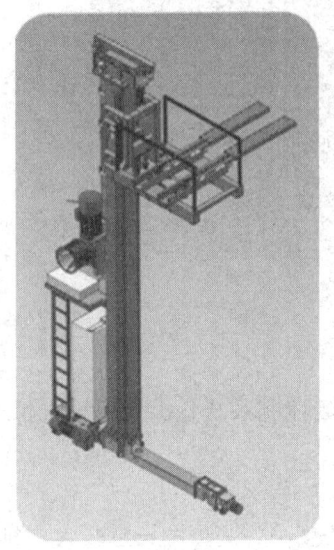 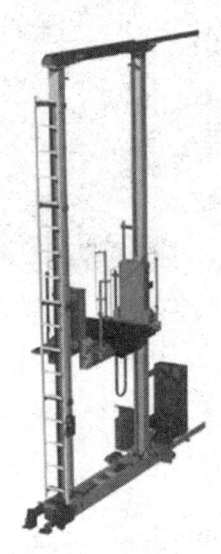 

（a）单立柱巷道堆垛机　　（b）双立柱巷道堆垛机　　（c）曲线导轨式堆垛机

图3-18　不同形式的巷道堆垛机

（3）出入库输送设备。

自动化立体仓库的出入库设备可以有多种选择，根据不同仓库的实际情况可以选择单一设备也可以多种出入库设备配合工作，可使用的设备包括输送机、叉车、自动导引车（AGV）、机械手、轨道式导引车（Rail Guided Vehicle，RGV）等。其他设备都将会在本章介绍，这里只介绍RGV。

RGV也被称为穿梭车，具有速度快、可靠性高、成本低等特点，在物流系统中有着广泛的应用，主要用于物料输送、车间装配等，并可与上位机或WMS系统通信，结合RFID技术、条码识别技术，实现自动化识别、输送和存取等功能，如图3-19所示。

RGV是伴随着自动化物流系统和自动化仓库的发展而产生的设备，它既可作为立体仓库的周边设备，也可作为独立系统。RGV可以十分方便地与其他物流系统实现自动连接，如出入库站台、各种缓冲站、输送机、升降机和机器人等，按照固定路径进行物料的输送。RGV无须人员操作，运行速度快，显著降低了仓库管理人员的工作量，提高了劳动生产率，同时它的应用可使物流系统变得非常简捷。

RGV 根据其运行轨迹可分为往复式 RGV 和环形 RGV 等；根据轨道形式可分为单轨 RGV 和双轨 RGV。RGV 的台面可根据用途搭载多种移载装置：固定式载货台、链式输送机型、辊子输送机型、顶升式和滑动货叉型。

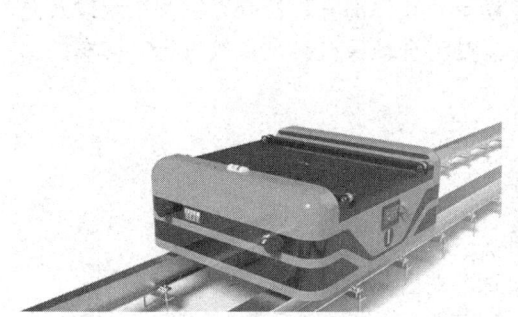

图 3-19　轨道式导引车及在自动化立体仓库中的使用

3.2.3　穿梭车式密集仓储系统

穿梭车式密集仓储系统（SBS/RS）是基于高密度货架、穿梭车及升降机、输送机等设备，配合仓库管理系统完成货物出入库作业，具有较高空间利用率和存取效率的自动化仓储系统，如图 3-20 所示。穿梭车是物流系统中一种执行往复输送任务的小车，其基本功能是在物流系统中（平面内或立体空间中）通过在轨道上的往复运动完成货物单元（主要是托盘和料箱）的输送。

图 3-20　穿梭车式密集仓储系统

穿梭车式密集仓储系统是由瑞典 EAB 公司所发明，其利用穿梭车与升降机相互通信，配合仓库管理系统完成货物出入库作业，取消叉车通道，从而提高了库房内货物的存取效率和空间利用率,空间利用率可达 80%~85%,成为应用广泛的新型物流仓储系统。随着穿梭车电池、通信和网络等关键技术的逐步解决,穿梭车式密集仓储系统将得到进一步广泛应用。

典型的穿梭车式密集仓储系统包括硬件和软件两大部分:硬件部分主要包括轨道式密集货架、穿梭车主轨道(垂直于密集货架的存储巷道)、穿梭车、货物升降机、穿梭车升降机、进/出库站台(I/O point)、货物输送系统等;软件部分包括仓库控制系统以及仓储管理系统等。有的穿梭车式密集仓储系统还需要配合堆垛机、叉车等进行穿梭车的移动和换层作业。

1. 穿梭车式密集仓储系统的特点

(1)高密度存储,仓库利用率高。
(2)工作效率高,大大减少作业等待时间。
(3)作业方式灵活,货物的存取方式可以先进先出,也可以先进后出。
(4)安全系数高,减少货架与叉车的碰撞,提高安全生产率。
(5)对照明要求相对低,对比其他类型货架,整体投资更少。

2. 穿梭车式密集仓储系统的分类

1)按处理货物单元不同进行分类

根据所处理货物单元的不同,穿梭车式密集仓储系统可以分为托盘式穿梭车系统和料箱式穿梭车系统两大类。其中,前者是密集存储的有效解决方案,后者则为拆零拣选而生,主要用于"货到人"的拣选。

(1)托盘式穿梭车系统。

托盘式穿梭车系统主要用于密集存储,其收货系统中主要包括输送机、升降机;储存系统则包括货架、穿梭车、升降机等,有些也采用堆垛机完成穿梭车的换层;发货系统包括输送机及拣选系统等。有些系统比较简单,如穿梭板可以自行构成系统;有些系统则比较复杂,如采用机器人完成入库码垛和出库拆垛等。

(2)料箱式穿梭车系统。

主要用于"货到人"的拣选,其收货系统包括收货换箱工作站和收货输送系统;储存系统包括货架及轨道、穿梭车(多层穿梭车、子母车、四向穿梭车等)、升降机等;发货系统则包括拣选工作站、包装工作站及输送系统等。根据实际应用不同,有些系统会更简单或复杂一些。对于以料箱存储为对象的穿梭车密集仓储系统,主要是为了满足轻量化、高柔性、高速率的货物拣选需要。

2)按存取方式不同进行分类

按照存取方式不同,托盘式穿梭车系统和料箱式穿梭车系统均可分为 5 种类型:多层穿梭车式、穿梭板式、子母穿梭车式、四向穿梭车式及两栖穿梭车式密集仓储系统。

(1)多层穿梭车式密集仓储系统。

多层穿梭车是穿梭车的早期形式,与其他穿梭车不同的是,多层穿梭车需要有专门的运行巷道,它的巷道在货架之间,这一点与巷道式堆垛机相似,但是它的巷道比巷道式堆垛机的更窄，因此仓储面积利用率也就更高。多层穿梭车式仓储系统由多层穿梭式货架、多层穿梭车、换层升降机、入库/出库点和货物输送系统组成。多层穿梭车通过其上的伸缩式取物装置将货物从侧面的货架上移至穿梭车上并送至货架外侧，再由货物输送系统送至出库点，如图3-21所示。多层穿梭车可在巷道内作前后两个方向的移动，通过换层升降机改变工作巷道和层数。

 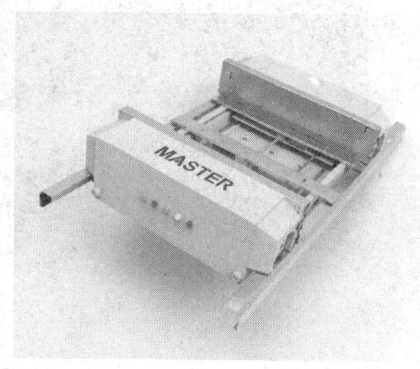

图 3-21　多层穿梭车式密集仓储系统

（2）穿梭板式密集仓储系统。

穿梭板式密集仓储系统，也称为两向穿梭车货架系统，由密集仓储货架、穿梭板、叉车和入库/出库点组成。叉车（或堆垛机）具备同时在水平和垂直方向移动的能力，将穿梭板送至待取货物所在深层货架外侧第一个货位，穿梭板能够移动到深层货架里面来存取货物，此时叉车（或堆垛机）在深货道第一个货位等待，穿梭车完成取货任务后，由叉车（或堆垛机）将货物送至出库点，如图3-22所示。

图 3-22　穿梭板式密集仓储系统

（3）子母穿梭车式密集仓储系统。

子母穿梭车式密集仓储系统由轨道式密集货架、穿梭车主轨道（垂直于密集货架的存储巷道）、穿梭式母车、穿梭式子车、货物升降机、进/出库站台和货物输送系统等组成，如图3-23所示。

图 3-23 子母穿梭车式密集仓储系统

其突出特点是穿梭车包括穿梭式母车和穿梭式子车两部分，如图 3-24 所示。穿梭式母车载着子车在主轨道运行，穿梭式子车在货物存储通道运行进行货物的存取，母车与子车在货物存储通道与主轨道的交叉口进行接驳。子母穿梭车与各层出入库点、缓冲站、穿梭车升降机等周边设备配合完成高密度仓储中货物的水平运输，这种设计保证了穿梭车在同层或跨层的四向运作，同时也尽可能地降低调度控制的复杂度，具有行走速度高、定位精度准等特点。

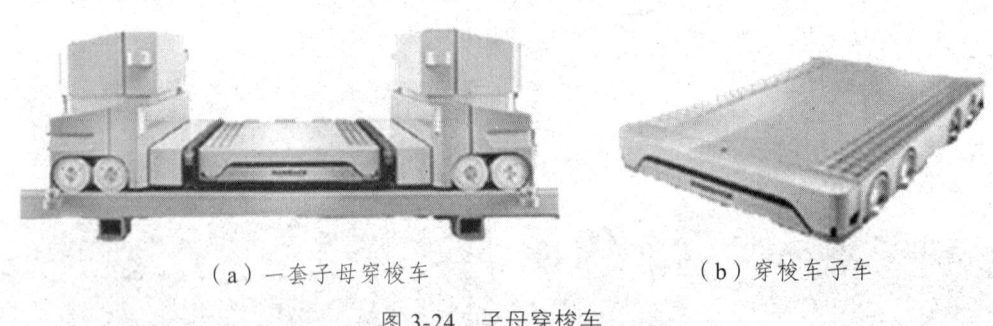

（a）一套子母穿梭车　　　　　　（b）穿梭车子车

图 3-24 子母穿梭车

（4）四向穿梭车式密集仓储系统。

四向穿梭车式密集仓储系统，也称可移动立方体结构仓储系统，由轨道式密集货架、穿梭车主轨道（垂直于密集货架的存储巷道）、四向穿梭车、货物升降机、进/出库站台和货物输送系统等组成，具有非常高的存储密度和非常短的响应时间，如图 3-25 所示。

与其他类型的密集式仓储系统相比，四向穿梭车式密集仓储系统最大的优点是能够实现在 3 个维度的独立运动。在每一层，所有的货物都存储在一个可向 x 方向和 z 方向移动的穿梭车上；升降机负责在不同层之间沿着 y 轴方向移动。升降机的运动独立于穿梭车，而位于不同层次的穿梭车又可以独立移动。只要前面有空间，同一层次的多个穿梭车甚至可以同时移动。

图 3-25　四向穿梭车式密集仓储系统

（5）两栖穿梭车密集仓储系统。

顾名思义，两栖穿梭车既能在货架上行驶，也能在地面上行驶。这使得它比普通穿梭车更加灵活。两栖穿梭车最早由德国弗劳恩霍夫物流研究院发明，但鲜少见到商业应用，2023 年国内的物流设备企业新星上海哥伦布智能科技有限公司也推出了商用的两栖穿梭车。

由于两栖穿梭车的行驶范围不再局限于货架上，能在仓库的货架上、货架下，收货通道中以及其他空间行驶，也就意味着传统仓库中的很多接驳运输设备不再需要。两栖穿梭车基本覆盖了仓库和内部运输的大部分流程，不再需要连续输送技术来进行搬运。

两栖穿梭车系统是一个自动驾驶小车群，可以在不同仓库车道和工厂区域独立运行，没有固定的行驶轨道，运输路径自由而灵活。因此，系统能够适应由季节性或日常波动带来的订单波峰，能根据客户需求、产品特性及储存运输要求改变运行轨迹和作业模式，属于高度柔性化生产。

3. 穿梭车货架

穿梭车货架用于存放货物，并安装有穿梭车轨道，使穿梭车能在货架上行驶。多层穿梭车是从巷道旁边的货架上叉取托盘或者夹取料箱，因此需要有专门的运行巷道，如图 3-26 所示；而其他穿梭车是在托盘或料箱下面的导轨上运行，可以载着托盘/料箱运行，如图 3-27 所示。穿梭式导轨是小车行走的主要构件，通过螺栓固定在横梁的连接板上。导轨的侧面在出入库两端设置有减速定位孔，可使穿梭车运行到端头时准确定位及减速，防止小车开出货架，对小车起到保护作用。

图 3-26 多层穿梭车货架

图 3-27 穿梭板货架

3.3 搬运及堆高设备

物料搬运作业是物流中心的主要作业之一。随着物流事业的发展,根据物流中心的实际需要,设计和生产的搬运设备品种繁多,规格齐全,现已达数千种,而且还在不断研制新机种和新机型。常用的搬运设备是以搬运车辆和设施为主,分类方法很多,为了运用和管理方便,可以分为连续式和间歇式两大类。连续式为输送机,而间歇式按其设备特点又可细分为堆垛机、叉车、手推车和自动导引车等搬运设备。本部分主要介绍各种间歇式的搬运设备。

3.3.1 叉车

叉车又称铲车、叉式取货机,是仓库和货场最常用的装卸、搬运和堆码的机械设备。叉车以货叉为主要的装货装置,依靠液压起升机构升降货物,由轮胎式行驶系统实现货物的水平搬运,另外还配有顶端起吊和侧面起吊的专用属具,具有适用性强、机动灵活、效率高等优点。叉车主要由动力系统、货叉、升降架、货叉架与安全架等组成。

选择叉车时,主要考虑动力类型、提升能力、提升高度、行走速度、提升速度以及所需通道空间等因素。

叉车的类型较多,根据不同的分类方式有不同的类型:按动力装置不同可分为内燃式叉车、电动式叉车(电瓶叉车)、手动步行操作式叉车;按照性能和功用不同可分为平衡重式叉车、插腿式叉车、侧面式叉车、前移式叉车、集装箱叉车、高货位拣选式叉车;按照用途不同可分为通用叉车和专用叉车;按举高能力可分为低提升叉车和高提升叉车。本教材主要介绍一些仓库内常用的叉车类型。

1. 平衡重式叉车

平衡重式叉车又叫配重式叉车，货叉位于叉车的前部，作用是平衡货物质量产生的倾翻力矩，在叉车的后部装有平衡重，以保持货叉的稳定，如图3-28所示。平衡重式叉车是目前应用最广泛的叉车。

图 3-28　平衡重式叉车

2. 插腿式叉车

插腿式叉车的两条腿向前伸出，支撑在很小的车轮上。支腿的高度很小，可同货叉一起插入货物底部，由货叉托起货物，如图3-29所示。由于货物的重心落到车辆的支撑平面内，因此稳定性很好，不必再设平衡重。一般由电动机驱动，蓄电池供电。起重量小、车速低、结构简单、外形小巧，适用于在通道狭窄、地面平整度好的仓库内作业。

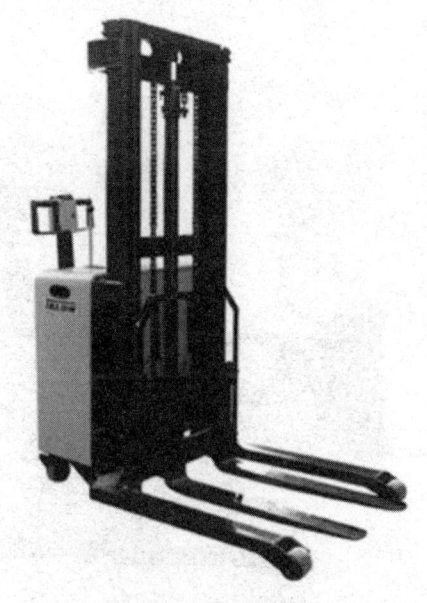

图 3-29　插腿式叉车

3. 前移式叉车

前移式叉车与插腿式叉车相比前轮较大，支腿较高，作业时支腿不能插入货物的底部。稳定性很好，适用于车间、仓库内作业。如图3-30所示，前移式叉车的门架或者货叉架可以前后移动，其中门架前移式叉车是指作业时门架带动货叉前移，伸出到前轮之外叉取或放下货物，行走时货叉带货物收回，使货物重心在支撑面内；而货叉前移式叉车是指货叉架带动货叉前移至前轮之外进行作业，行走时叉架带动货叉缩回到支撑平面内。

图3-30 前移式叉车

4. 剪叉前移式叉车

剪叉前移式叉车通过剪刀叉式结构使货叉前移，而门架不能移动，如图3-31所示，适用于从双深度货架上叉取托盘货物。

图3-31 剪叉前移式叉车

5. 无人叉车

无人叉车即货叉式 AGV，如图 3-32 所示，通过激光导航以及多重传感器的部署，使得叉车可以自动感应识别货架上相应托盘的位置并精准对接，完成无人自动存储作业。随着导航技术的发展，新型的无人叉车也采用激光 SLAM 或视觉 SLAM 等导航方式。

图 3-32　无人叉车

3.3.2　AGV

自动导引车（AGV）又叫自动导引搬运车，根据美国物流协会定义，AGV 是指装备有电磁或光学等自动导引装置，能够沿设定的引导路径行驶，具有小车运行和停车装置、安全保护装置及各种移载功能的运输小车。

AGV 由车体、蓄电和充电系统、驱动装置、转向装置、精确停车装置、车上控制器、通信装置、信息采样子系统、超声探障保护子系统、移载装置和车体方位计算子系统等组成。

AGV 可十分方便地与其他物流系统实现自动连接，如 AS/RS（通过出/入库台）、各种缓冲站、升降机和机器人等。可实现在搬运路径上对物料的实时跟踪，对输送进行确认，按计划输送物料并有执行检查记录。AGV 与生产线和库存管理系统实现在线连接，向物流管理系统提供实时信息。

1. AGV 的分类

（1）按照导引方式的不同，可分为电磁导引、磁带导引、视觉导引、激光导引、RFID（电子标签）导引、光电导引、直接坐标导引、图像识别导引、惯性导引等。

（2）按照导引路径的不同，可分为固定路径导引和自由路径导引。

（3）按照运行方向的不同，可分为向前运动、前后运动和万向运动。

（4）按照充电方式的不同，可分为交换电池式和自动充电式。

（5）按照转向方式的不同，可分为前轮转向、差速转向和独立多轮转向。

（6）按照移载方式的不同，可分侧叉式移载、叉车式移载、推挽式移载、辊子输送机式移载、链式移载、升降台移载和机械手移载等。不同移载方式的AGV如图3-33所示。

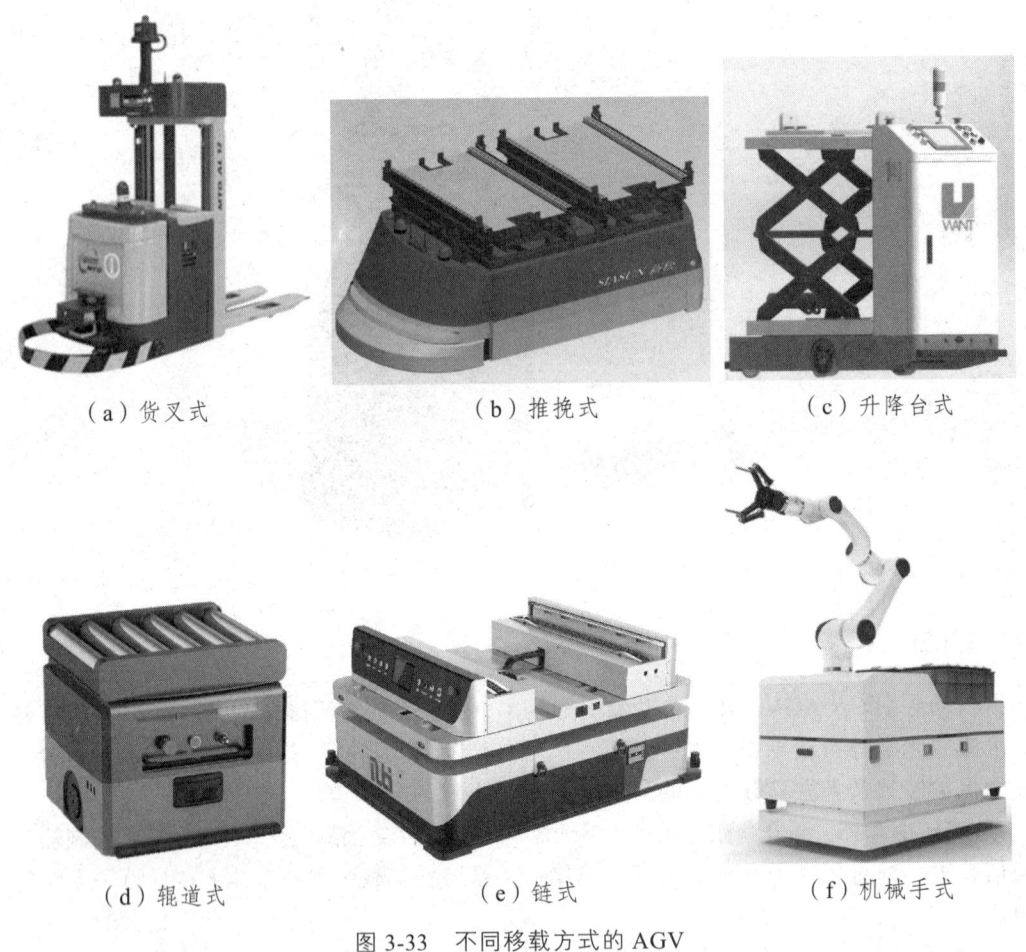

（a）货叉式　　　　　（b）推挽式　　　　　（c）升降台式

（d）辊道式　　　　　（e）链式　　　　　（f）机械手式

图3-33　不同移载方式的AGV

2. 智能搬运机器人

近年来，随着物流技术的进一步发展，出现了许多比传统AGV更灵活、定位更精准、速度也更快的自主移动机器人（Automated Mobile Robot，AMR）。这些智能搬运机器人在一些大型的物流中心获得了较为广泛的使用，它实际上可看作是采用惯性导引、电子标签导引、SLAM无返激光导引等新型导引方式的AGV。这类型的机器人包括货架搬运机器人、包裹搬运机器人、托盘搬运机器人、料箱搬运机器人等，如图3-34～图3-37所示。其往往用来在仓库或物流中心进行货物的搬运或者辅助完成货物的分拣。

图 3-34 货架搬运机器人

图 3-35 托盘搬运机器人

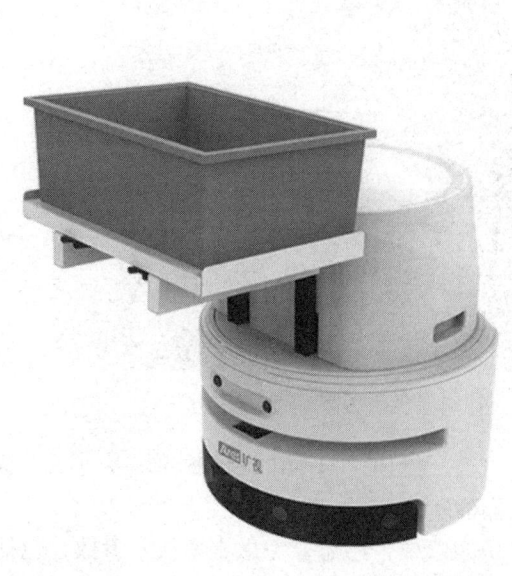 

图 3-36 料箱搬运机器人

图 3-37 包裹搬运机器人

3.3.3 智能机械手

智能机械手是指具有和人类手臂相似的构造，或者与人类手臂有许多相似能力的用于物流搬运领域的工业机器人。智能机械手可以由人类给定一些指令，按给定程序、轨迹和要求实现自动抓取、搬运和操作的自动装置。机器人由执行机构和控制系统构成，具有功能多样、适应性好、效率高、操作精度高等特点。

智能机械手能按照预先设定的命令高速准确地将不同外形尺寸的包装货物，整齐、自动地码（或拆）在托盘上，完成仓库中货物的码盘、搬运、堆垛和拣选等作业，可在有污染、高温、低温等特殊环境和反复单调的作业环境中持续工作，如图 3-38 所示。

图 3-38 智能搬运机械手

新型的物流机械手结合了 AI 技术，能够自动识别不同的货物外形、大小等，从而自主选用合适的抓取方式来搬运、拣选不同的货物。

在选择机器人时，除了要考虑物流功能以外，还需要考虑主要技术参数，包括额定负荷、自由度、运行速度、精度、程序编制与存储容量。

1. 智能机械手的类型

根据智能机械手臂运动形式的不同，智能机械手可以分为 5 种形式：直角坐标式、圆柱坐标式、极坐标式、多关节式和平面关节式。

（1）直角坐标式智能机械手。

直角坐标式智能机械手如图 3-39 所示。这种智能机械手的手臂在直角坐标系的 3 个坐标轴方向作直线移动，即手臂的前后伸缩、上下升降和左右移动。这种坐标形式占据空间大而工作范围却相对较小、惯性大，它适用于工作位置成直线排列的情况。

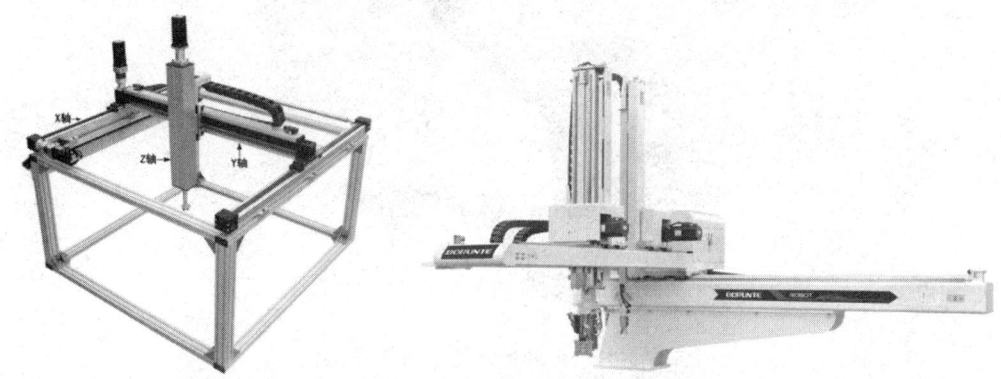

图 3-39　直角坐标式智能机械手

（2）圆柱坐标式智能机械手。

圆柱坐标式智能机械手的手臂作前后伸缩、上下升降和在水平面内转动的动作（一个回转运动两个直线运动），其工作空间是一个圆柱状的空间，如图 3-40 所示。与直角坐标式相比，所占空间较小而工作范围较大，但由于机构结构的关系，高度方向上的最低位置受到限制，所以不能抓取地面上的物体，惯性也比较大。这是机械手中应用较广的一种坐标形式。

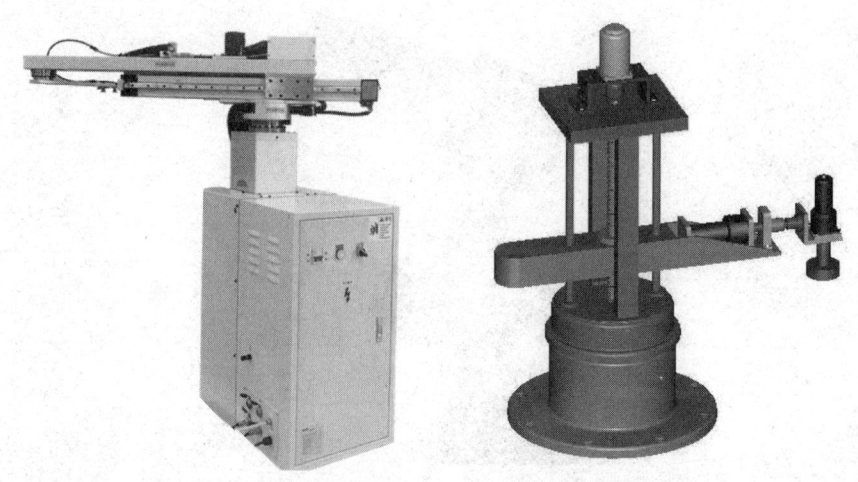

图 3-40　圆柱坐标式智能机械手

(3)极坐标式智能机械手。

极坐标式智能机械手又称为球坐标型智能机械手,如图3-41所示。智能机械手的手臂作前后伸缩、上下俯仰和左右摆动的动作(两个回转运动和一个直线运动)。其最大特点是以简单的机构得到较大的工作范围,并可抓取地面上的物体,但其运动惯性较小,手臂摆角的误差通过手臂会放大。

图3-41 极坐标式智能机械手

(4)多关节式智能机械手。

多关节式智能机械手又称为关节坐标型智能机械手,如图3-42所示。其手臂分为大臂和小臂两段,大、小臂之间由肘关节连接,大臂与立柱之间连接成肩关节,再加上手腕与小臂之间的腕关节,多关节式机械手可以完成近乎人手那样的动作。多关节式智能机械手动作灵活,运动惯性小,能抓取紧靠机座的工件,并能绕过障碍物进行工作。多关节式智能机械手适应性广,在引入计算机控制后,它的动作控制既可由程序完成,又可通过记忆仿真来完成。多关节式智能机械手是机械手的发展方向。

图3-42 多关节式智能机械手

（5）平面关节式智能机械手。

平面关节式智能机械手采用两个或者多个回转关节和一个移动关节，是一种特殊类型的圆柱坐标式智能机械手，如图 3-43 所示，两个回转关节控制前后、左右运动，而移动关节则实现上下运动，它的纵截面为矩形的回转体，回转体纵截面越高，移动关节的行程越长，两回转关节转角的大小决定回转体横截面的大小和形状，这种形式又称为 SCARA 机器人。

SCARA 机器人有多个旋转关节，其轴线相互平行，在平面内进行定位和定向；另有移动关节，用于完成末端件在垂直于平面的运动。这类机器人的结构轻便、响应快，比一般关节式机器人快数倍。它最适用于平面定位、垂直方向进行装配的作业。

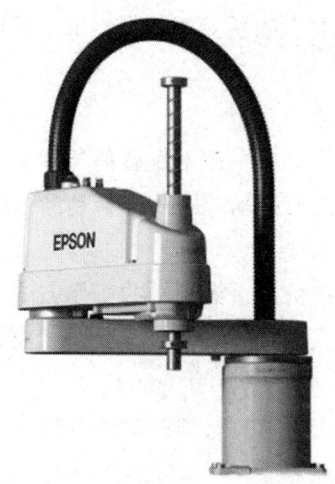

图 3-43　平面关节式智能机械手

2. 智能机械手的技术参数

智能机械手的主要技术参数包括负载、自由度、运动范围、重复精度、工作速度等。

（1）负载。

智能机械手负载是指机械手在规定的性能范围内，机械接口处能承受的最大负载量（包括手部），用重量、力矩、惯性矩来表示。如果要将零件从一处搬至另一处，需要将零件的重量和机械手抓手的重量计算在负载内。

（2）自由度。

智能机械手自由度是指机械手的运动灵活性。机械手单关节具有单自由度，通常自由度数与轴数相等。自由度越多，机械手越灵活，但同时结构就越复杂，刚度也越弱，且相应的控制系统也比较复杂。因此，在设计机械手时，在满足工况要求的前提下，应尽量减少自由度。

（3）最大运动范围。

智能机械手最大运动范围通常包括最大垂直运动范围、最大水平运动范围和最大动作范围。

最大垂直运动范围是指机械手腕部能够到达的最低点（通常低于机械手的基座）与最高点之间的范围。

最大水平运动范围是指机械手腕部能水平到达的最远点与机械手基座中心线的距离。

最大动作范围（用度数表示），不同规格的机械手区别很大，对某些特定的应用存在限制。

（4）重复精度。

智能机械手的重复精度是指机械手在完成每一个循环后，到达同一位置的精确度（差异度）。机械手通常可以达到 0.5 mm 精度，甚至更高。

精度在 2D 视图中通常用"±"表示。实际上，由于机械手并不是线性运动的，可以到达公差半径内的任何位置。

（5）工作速度。

智能机械手的工作速度是指机械手在工作载荷条件下，匀速运动过程中，机械接口中心或工具中心点在单位时间内所移动的距离或转动的角度。

（6）控制方式。

智能机械手的控制方式是指机械手控制轴的工作方式，包括伺服控制和非伺服控制。伺服控制是当前的主要应用方式，又包括转矩控制、速度控制和位置控制 3 种控制方式。

（7）驱动方式。

智能机械手的驱动方式是指关节执行器的动力源形式，主要有电气驱动、液压驱动、气压驱动等。

3.4 输送设备

一般提到输送设备指的是连续输送设备，连续输送设备是以连续运作的方式按规定的路线从装货点到卸货点输送散装货物和小件杂货的设备。输送机搬运物料的优点在于承载均匀，作业功率波动小，速度稳定，能连续作业，生产效率高，作业成本低。其缺点是通用性差，输送物料受限程度大，物料单品不能太重。决定输送机的主要参数为搬运物料的最大宽度、长度、重量和单位时间的搬运量。

3.4.1 连续输送设备的类型

1. 按安装方式分类

连续输送设备按结构基体的安装方式不同，可分为固定式输送机和移动式输送机。固定式输送机是指整个输送设备固定安装在一个地方，不能再移动。移动式输送机是指整个输送设备安装在可移动的车轮上，适用于中小型仓库。

2. 按结构特点分类

连续输送设备按结构的不同,可分为具有挠性牵引构件的输送设备和无挠性牵引构件的输送设备。具有挠性牵引构件的输送设备是指输送设备具备可往复循环的输送构件,包括带式输送机、链式输送机、斗式提升机等。无挠性牵引构件的输送设备是指利用工作构件的旋转运动或振动,使货物向一定方向输送,输送构件不具备往复循环形式,包括气力输送机、螺旋输送机、振动输送机等。

3. 按有无动力装置分类

连续输送设备按有无动力装置,可分为重力式和动力式两种。

3.4.2 带式输送机

带式输送机是由电机作为动力,专用胶带作为输送带,利用动力辊及胶带承重面之间的摩擦力连续输送货物的机械。

固定带式输送机(见图3-44)应用范围广,主要用于散料的定距和长距运输,它的效率最高、输送距离最长。固定式胶带输送机运输能力强,在港口、车站、货栈、库场应用较广泛,尤其适合于粮食、煤炭、矿石、建材、化肥等大量散货的输送。在仓库中使用较多的是平带输送机,往往用来输送一些较轻的包裹、小包装货物、料箱等。

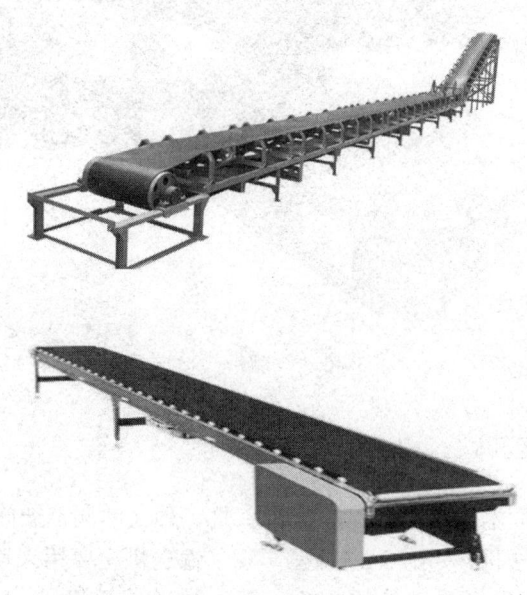

图 3-44　固定带式输送机

移动带式输送机主要用作装卸输送,机动性强,使用效率高,输送方向和输送长度均可经组合使用而改变,能及时调整输送作业线路达到作业要求,但一般运距较短,通常仅数米,如图3-45所示。

图 3-45 移动带式输送机

伸缩带式输送机（见图 3-46）由多段带传输设备组合而成，在非工作状态下，可以缩短整机尺寸，节约作业场地。伸缩带式输送机非常适合车辆的月台装卸作业，可以有效缩短人工往返搬运物料的距离，缩短装卸货时间，降低劳动强度，减少货品损伤，降低装卸成本。

图 3-46 伸缩带式输送机

3.4.3 辊子输送机

辊子输送机（滚筒输送机、辊道输送机）是一种在两侧框架间按一定间距，顺序排列若干辊子的连续输送机，如图 3-47 所示。辊子输送机主要用来输送形状规则、底部平直的成件物品，如箱类容器、包件、托盘等。辊子输送机是一种用途十分广泛的连续输送设备，特别是由辊子输送机组成的生产线和装配线越来越广泛地应用在机械加工、冶金、建材、军事工业、化工、医药、轻工、食品、邮电以及仓库和物资配送中心等领域。辊子输送机是各个行业提高生产率、减轻劳动强度和组成自动化生产线的必备设备。

图 3-47　辊子输送机

在直线输送时，辊子输送机的辊子采用的都是圆柱形的辊子，但是在需要转弯的路径上，则应用锥形滚筒，以扇形排列的方式来实现转弯的目的，如图3-48 所示。

图 3-48　转弯输送机上的锥形滚筒

根据辊子输送机有无动力装置可以分为无动力式和动力式两种。

1. 无动力式辊子输送机

无动力式辊子输送机自身无驱动装置，辊子转动呈被动状态，物品依靠人力、重力或外部推拉装置移动。其按布置方式分为水平和倾斜两种。

（1）水平布置无动力式辊子输送机依靠人力或外部推拉装置移动。人力推动用于物品重量小、输送距离短、工作不频繁的场合。

（2）倾斜布置无动力式辊子输送机依靠物品重力进行重力式输送，结构简单、经济适用，但不易控制物品运动状态，物品之间易发生撞击，不宜输送易碎物品，适用于工序间短距离输送及重力式货架上货物的移动。

2. 动力式辊子输送机

动力式辊子输送机自身有驱动装置；辊子转动呈主动状态，可以严格控制物品运行状态，按规定的速度精确、平稳、可靠地输送物品，便于实现输送过程的自动控制。

动力式辊子输送机常用于水平或向上微斜的输送线路。驱动装置将动力传给辊子，使其旋转，通过辊子表面与输送物品表面间的摩擦力输送物品。动力式辊子按驱动方式有单独驱动与成组驱动之分。前者的每个辊子都配有单独的驱动装置，便于拆卸。后者是若干辊子作为一组，由一个驱动装置驱动，以降低设备造价，驱动装置可能是独立于辊子的电机，也可能是一组辊子中有一根辊子就是电动辊子，成组驱动的传动方式有齿轮传动、链传动、带传动等。图3-49为成组驱动、带传动的动力式辊子输送机。

图3-49 成组驱动、带传动的动力式辊子输送机

3.4.4 链式输送机

链式输送机是利用链条牵引、承载，或由链条上安装的板条、金属网带、辊道等承载物料的输送机，如图3-50所示。链式输送机能够输送的物品广泛多样，能适应苛刻的输送环境，广泛用于食品、罐头、药品、饮料、化妆品和洗涤用品、纸制品、调味品、乳业及烟草等的自动输送、分配和后道包装的连线输送。

根据链条上安装的承载面的不同，链式输送机可分为链条式、链板式、链网式、板条式、链斗式、托盘式、台车式、悬挂链式等。此外，链式输送机也常与其他输送机、升降装置等组成具有各种功能的生产线。

（a）链条输送机　　　　　　　　　　（b）链板输送机

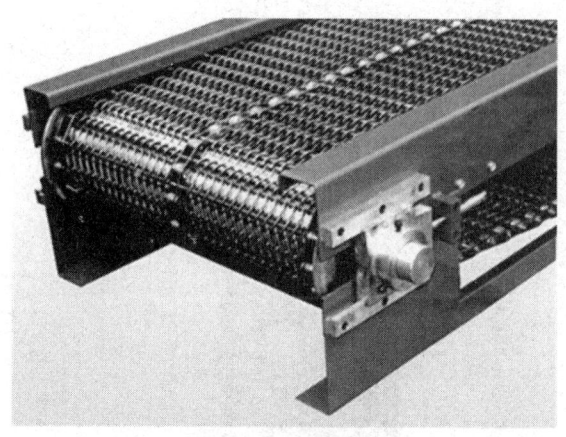

(c) 链网输送机

图 3-50 各种链式输送机

3.4.5 垂直输送机

1. 垂直输送机的概念特点

垂直输送机可以连续地垂直输送物料，可使不同高度上的连续输送机保持不间断的物料输送，又被称为垂直升降机、提升机等。垂直输送机是把不同楼层间的输送机系统地连接成一个更大的连续的输送机系统的重要设备，主要特点如下：

（1）结构紧凑，占地面积小，便于工艺布置。

（2）可实现货品在不同楼层间的连续不间断输送。

（3）安全可靠，易于维护，运行费用低廉，有效降低输送成本。

（4）货品可向上输送，也可向下输送。

垂直输送机广泛适用于冶金、煤炭、建材、粮食、机械、医药、食品等行业，不同的垂直升降机能够用于粉状、颗粒状物料的垂直提升作业，也可用于托盘或包装货品在不同楼层的换层作业。

2. 垂直输送机的主要类型

从作业形式上看，垂直输送机主要可分为往复式和连续式两种类型。

（1）往复式垂直输送机。

往复式垂直输送机又称往复式升降机、往复式提升机、特种非载人电梯等，主要通过升降机实现货物的垂直输送，用于多个楼层之间的托盘或包装货物搬运，如图 3-51 所示。根据货物的出入口方向，往复式垂直升降机分为 Z 形、E 形、C 形和 F 形，如图 3-52 所示。

往复式升降机托板可以进行往复运动，在两个楼层间或上或下实现货物的双向运送，其载荷为 2~4 t，因其往复输送，所以输送效率低于连续式升降机。

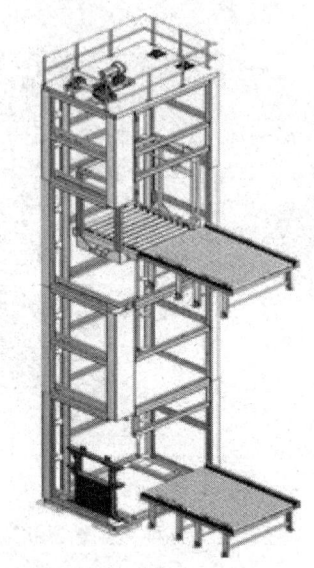

图 3-51 往复式垂直升降机

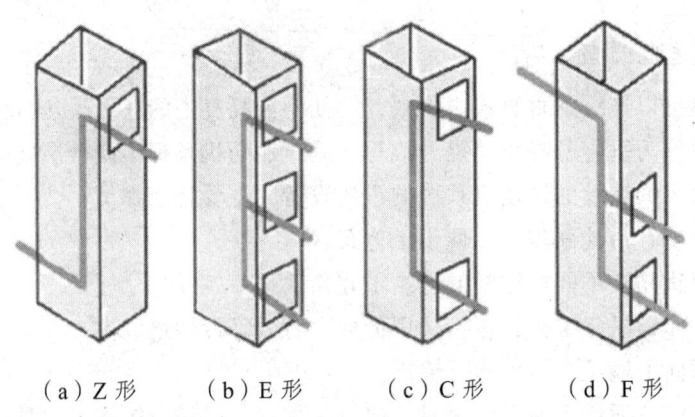

（a）Z形　　（b）E形　　（c）C形　　（d）F形

图 3-52 往复式垂直升降机的主要形式

（2）连续式垂直输送机。

连续式垂直输送机又称为连续式提升机、连续式升降机。该种输送机类型较多，其一是托板式连续垂直输送机，如图 3-53 所示，主要适用于楼层间单向连续不断地输送货物的场合，其占地面积小，常用来输送单件外形固定的产品，如纸质包装箱、周转箱、工装板、圆形筒及各种软包装物品，最大载荷约 500 kg，因其连续输送的特性，所以输送更快，效率比往复式更高。托板式连续垂直输送机的输送原理是多个载物托板间隔安装在四根传输链条上，托板具有足够的柔性，在链条的运行过程中，可绕过链轮转向。提升过程中，托板保持水平，回程时托板由水平位置变成垂直位置，回程结束时又恢复到水平位置，从而实现水平搬送货物的目的。托板式连续升降机的布置也可分为 Z 形、E 形、C 形和 F 形等多种形式。

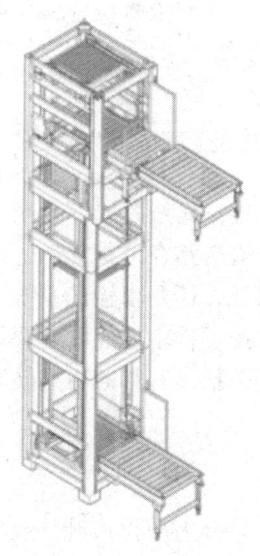

图 3-53 托板式连续升降机

另一种连续式垂直输送机是螺旋滑槽式输送机,主要是通过螺旋实现货品的上升或下降。它基于带式、链式或辊子输送机,在结构设计时按照螺旋形式进行构造,以实现输送时货物的螺旋上升或下降,可用于单件包装货物的连续垂直输送,如图 3-54 所示。

图 3-54 螺旋滑槽式输送机

除此以外还有一种基于螺旋叶片的垂直螺旋输送机，主要用来输送散料，这里不做介绍。

3.4.6 输送机的转向移载装置

大型的物流中心和仓库里往往输送线路错综复杂，货物在入库和出库的过程中需要通过不同的输送设备，经过多条输送路径进行移动，这个过程中除了要求输送系统能够及时识别货物并判断其的输送路径，还要求输送系统在必要的位置通过转向移载装置及时改变货物的路径。在货物的分拣过程中也经常会要用到转向移载装置将货物从主分拣线上移出。常用的转向移载装置包括顶升移载机、转弯滚筒、辊子浮出式移载装置、万向轮移载装置、麦克纳姆轮等。

1. 顶升移载机

顶升移载机按照移载方式可以分为凸轮顶升移载机和气缸顶升移载机两种。顶升移载机具有承载大，结构简单，稳定可靠的特点。其主要优点为在空间有限的条件下可实现直角转弯，节省空间；缺点是成本高，输送速度慢，而且对输送机高度有一定要求。在辊子输送机、链条输送机中，对于分拣速度小于 30 件/min 但单件物品质量大于 2000 kg 的物品，首选顶升移载机。图 3-55 为辊子输送机中的顶升移载机。

图 3-55 顶升移载机

2. 转弯滚筒

辊子输送机可以利用锥形滚筒作扇形排列来实现输送机的转弯和改向，如图 3-56 所示。

转弯滚筒输送机是最常用的实现输送线水平转弯或者斜坡落差转弯的输送设备。转弯滚筒输送机有无动力手推和电机驱动两种驱动方式；机架有不锈钢、碳钢、铝型材几类；滚筒为锥形滚筒，角度可根据转弯半径和输送线线体宽度设计；滚筒外表有碳钢镀锌，外表包胶、包聚氨酯等。转弯滚筒输送机适合输送底部具有平直面的工件。

图 3-56　转弯滚筒输送机

3. 辊子浮出式移载装置

辊子浮出式移载装置是将一个或数个有动力的斜向辊子安装在主输送机表面下方，如图 3-57 所示。当接收到移载命令时，斜向辊子向上浮起，接触商品底部，将商品斜向移出主输送机，从而改变货物的输送路径。

图 3-57　辊子浮出式移载装置

4. 全向轮

在输送机的交叉处，相互交错地安装有若干全向轮，从而实现物品的转向，这就是全向轮移载装置，如图 3-58 所示。

全向轮由一个轮盘和固定在轮盘外周的滚子构成。轮盘轴心同滚子轴心垂直，轮盘绕轴心由电机驱动转动，滚子依次与货物接触，并可绕自身轴心自由转动。全向轮的轮辐上有两种滚子，分为内圈和外圈，都可以绕与轮盘轴垂直的轴心转动，具有公共的切面方向。这样既保证了在轮盘滚动时同货物的接触点高度不变，避免输送机振动，也保证了在任意位置都可以实现沿与轮盘轴平行方向的自由滚动。

图 3-58 全向轮

5. 麦克纳姆轮

在输送机的交叉处,安装若干组麦克纳姆轮,从而实现物品的转向,这就是麦克纳姆轮移载装置,如图 3-59 所示。

麦克纳姆轮是瑞典麦克纳姆公司的专利,是一种特殊的全向轮。麦克纳姆轮由轮辐和固定在外周的许多小滚子构成,轮子和滚子之间的夹角通常为 45°。每个轮子具有 3 个自由度,一个是绕轮子轴心转动,第二个是绕滚子轴心转动,第三个是绕轮子和货物的接触点转动。轮子由电机驱动,其余两个自由度自由运动。3 个或以上的麦克纳姆轮可以构成全方位移动机器人平台。这种全方位移动方式是基于一个有许多位于机轮周边的轮轴的中心轮的原理上,这些成角度的周边滚子把一部分的机轮转向力转化为一个机轮法向力。

图 3-59 麦克纳姆轮

3.5 拣选和分拣设备

在物流中心或仓库里的拣选和分拣作业有的是分开进行的,有的又是一起完成的,拣选和分拣设备也是如此，有的设备能完成单项作业，有的设备可以完成拣选和分拣两项作业。虽然本教材对拣选和分拣设备进行区分，但其完成的作业往往要根据实际场景来确定。

3.5.1 拣选设备

从拣选作业方式来看，拣选作业可分为"人到货"和"货到人"两种主要类型。

1．"人到货"拣选系统

"人到货"拣选是以人工操作为主，技术应用为辅的拣货方式。典型的智能型"人到货"拣选系统包括电子标签拣选系统、RF（Radio Frequency）拣选系统、语音拣选系统、智能穿戴设备拣选、智能拣货台车拣选等。

（1）电子标签拣选系统。

如图3-60所示，电子标签拣选系统是一种由计算机辅助的无纸化拣货系统，其原理是由安装于货架上每一个货位的LED电子标签取代拣货单，利用计算机的控制将订单信息传输到电子标签中，引导拣货人员正确、快速、轻松地完成拣货工作，拣货完毕按"确认"按钮确认即可。计算机监控整个过程，并自动完成账目处理。

图3-60　电子标签拣选系统

（2）RF拣选系统。

当输入、输出端（操作者或作业设备）没有固定的位置，在一定的区域内随机性变动时，为传递数据信息，可采用无线网实时信息管理系统支持的RF拣选系统。

如图3-61所示，RF拣选系统使用小型手持计算机终端（带有条码扫描器）来传递拣选作业信息。作业时，由后台计算机系统向手持终端发出拣选指令，屏幕上会显示货位、品种数量等信息，拣选人员走到相应的货位拣取货物。作业时，通常要求扫描货物和货位条码，拣选作业准确率很高。

图 3-61　手持式 RF 拣选系统

系统一般包括数据采集装置、无线发射器、适配器、无线接收器、数据显示器、计算机等组成部分。

RF 拣选还可以利用拣选叉车来配合完成，如图 3-62 所示。拣选叉车可以存放货物，并且可以添加一定的电子显示设备，完成拣选货物的二次分配，满足不同订单对同一货物的拣选作业要求。

图 3-62　拣选叉车式 RF 拣选系统

RF 拣选系统也可以结合输送设备来实现"货到人"的拣选方式。

（3）语音拣选系统。

语音拣选系统通过语音播报指引移动作业员工穿梭办公场所，可按时间、地点要求指引员工到位,如图 3-63 所示。该解决方案利用结合人体工学设计的耳机、可穿戴移动设备,以及配备文字语音转换技术(可支持多种语言)的高级软件,能将仓库管理系统信息转换为语音,并传达给仓库操作员,指引他们前往下一个地点,并引导他们按步骤完成任务,如完成拣选、补货、维护和维修等流程。

图 3-63 语音拣选系统

(4)智能穿戴设备辅助拣货。

智能穿戴设备在拣选作业中应用的有免持扫描设备、智能眼镜、智能手环、喷气式背包等。

增强现实拣选技术(Advanced Reality,AR)即在拣选过程中,借助 AR 眼镜等智能设备完成拣选作业,提高拣货效率。相比语音拣选,AR 拣选能够解决不同口音造成的难以辨别的问题,拣选差错率会进一步降低,AR 拣选能使新拣选员工快速适应,缩短培训时间及培训成本。图 3-64 所示为智能眼镜辅助拣货。

图 3-64 AR 眼镜辅助拣货

（5）智能拣货台车。

智能拣货台车是针对电商、医药、快消、美妆以及离散制造等行业进行研发的集灵活、智能、精准等优势为一体的产品。智能拣货台车集订单的分、拣、核、包、发为一体，囊括了 RF 枪、电子标签、标签打印机、装载设备、传感器等多种设备，同时又可与 WMS、WCS 等及其他硬件设备智能连接，具有异常信息智能反馈等功能，可实现订单作业智能分配和拣选路线智能优化，如图 3-65 所示。

AGV 智能拣货台车是具有自动导引和移动功能的拣货台车，除了上述拣货台车的基本功能外，还可以自行导航移动到拣货位置，辅助拣货人员进行拣货。

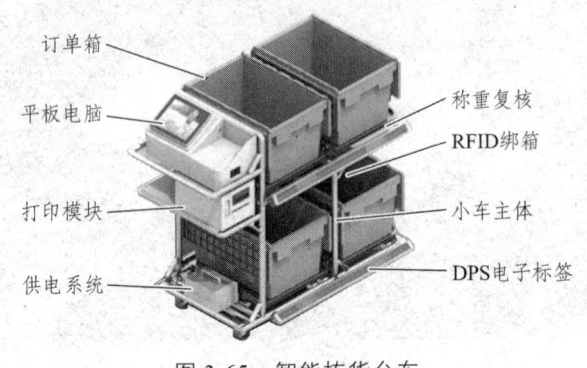

图 3-65　智能拣货台车

2."货到人"拣选系统

"货到人"拣选方式以技术应用为主，人工操作为辅。典型的智慧型"货到人"拣选系统包括 Miniload 系统、穿梭车拣选系统、类 Kiva 机器人拣选系统、Autostore 系统、旋转货架拣选系统等。

（1）Miniload 拣选系统。

Miniload 轻型堆垛机系统，也被称为料箱式立体仓库，具有广泛的适应性，是最重要的"货到人"拆零拣选解决方案之一，如图 3-66 所示。在接收时，货物被放置在标准化料箱或纸箱中，这些容器被传送到自动存取系统的导入点；自动存储系统将容器存储并检索放置到存储缓冲区中；自动拣选系统将容器提取和存放到动态拣选位置，或通过传送带送到拣选工作站；拣选人员按所需的库存单位、数量挑选，并将剩余库存的容器运回自动存取系统存储位，或者将空容器送至入库工作站等待装货。

（2）旋转货架拣选系统。

旋转货架系统与 Miniload 系统一样，是非常成熟的"货到人"拣选解决方案，适合存储小件商品，如图 3-67 所示。

系统接收到拣选命令时，即驱动货品向拣选面流转，当订单商品到达拣选口时，系统自动识别停止运转的设备，拣货员看到灯光提示即过去拣货，该系统可以实现货品边进边出。

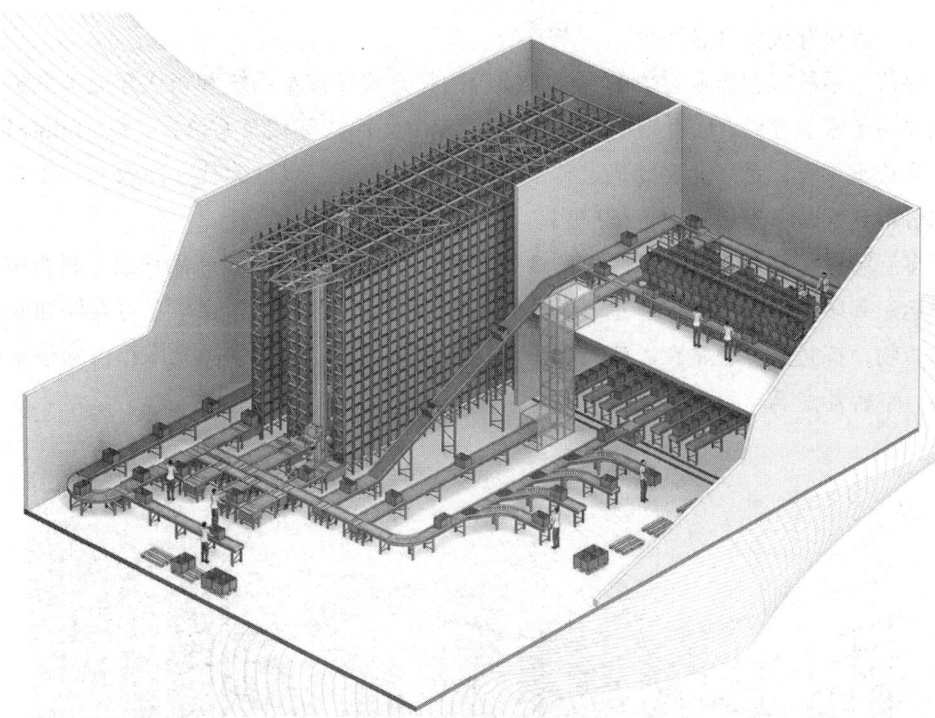

图 3-66 Miniload 存储与拣货系统

图 3-67 旋转货架拣选系统

旋转货架系统具备高密度存储功能，可以实现自动存储、自动盘点、自动补货、自动排序缓存等一系列分拣动作。采用更加柔性的工作面替代拣选工作台，如此一来可以在订单高峰期为临时增加的工人预留足够多的操作界面。尽管该系统单次拣选效率不高，但是非常适合于大型、SKU 数量多的场景，如电商仓库。

(3)多层穿梭车拣选系统。

穿梭车系统根据作业对象的不同主要分为托盘式穿梭车系统和箱式穿梭车系统,前者主要用于密集存储,后者则用于"货到人"拣选。箱式穿梭车系统,也称 Multi-Shuttle 多层穿梭车系统,是高速存储拣选解决方案的典型代表,以低能耗、高效率、作业灵活等优势得到了快速发展和大范围应用。

多层穿梭车储存与拣选系统如图 3-68 所示。在接收时,分箱产品被放入料箱中,将货物运送到缓冲区的导入点;垂直升降机将容器运输至存储层;穿梭车可存储和取回双侧的货物;拣货人员通常在工作站可一次挑选多个订单;容器中剩余库存由穿梭车送回货架,空容器送至空容器处理区。

图 3-68 多层穿梭车存储与拣选系统

(4)类 Kiva 机器人拣选系统。

Kiva 拣选技术是利用机器人顶部升降圆盘将轻型柔性货架举起,根据无线指令的订单将货物所在的货架从储存区搬运至员工处理区,从而实现其独特的"货到人"拣选方式。随着亚马逊 Kiva 机器人的大规模应用,类 Kiva 机器人在电商、商超零售、医药、快递等多个行业实现了成功应用。类 Kiva 机器人拣选系统是由类似于 Kiva 机器人的搬运 AGV 搬运料箱或货架到拣选工作人员面前,由工作人员从料箱或货架里将相应物品取出,如图 3-69 所示。

图 3-69 类 Kiva 机器人拣选系统

（5）机械手拣选系统。

机械手拣选系统是由机械手臂基于视觉、触觉等智能控制系统，自动识别货物，可将来自输送线上的货品拣出，置于拣选容器中，实现高速拣选的目的；也可将货架上或托盘上的货品拣出后置于输送带上，实现货物分拣的功能。机械手拣选如图 3-70 所示。

图 3-70 机械手拣选系统

3.5.2 分拣设备

在现代物流运作过程中,输送设备和分拣设备往往结合使用,共同完成货物的分拣工作。智能分拣系统,是运用信息感知、自动识别、智能控制技术,根据计算机指令或自主判断,实现物流分拣输送自动化、智能化运作的物流设备。

智能分拣系统由中央计算机控制,应用大量传感器、控制器和执行器,能够自动完成货品的识别、分类、分拣、计量、输送等工作。其中的自动分拣设备可以对货品按用户、地名、品名等进行自动连续分拣作业。按照分拣机构的结构不同,自动分拣设备可以分为不同的类型,本教材主要介绍一些常见的类型。

1. 滑块式分拣机

滑块式分拣机又叫推块式分拣机,是一种特殊形式的条板输送机,如图 3-71 所示。输送机的表面由金属条板或管子构成,如竹席状,在每个条板或管子上有一枚用硬质材料制成的导向滑块,能沿条板作横向滑动。平时滑块静止在输送机的侧边,滑块的下部有销子与条板下导向杆连接,通过计算机控制,当被分拣的货物到达指定道口时,控制器使导向滑块有序地自动向输送机的对面一侧滑动,把货物推入分拣道口,从而将物品引出主输送机。这种方式是将物品侧向逐渐推出,并不冲击物品,故物品不容易损伤,它对分拣物品的形状和大小适用范围较广。

图 3-71 滑块分拣机

2. 倾斜式分拣机

倾斜式分拣机常用的有条板倾斜式分拣机和翻盘式分拣机。

(1)条板倾斜式分拣机。

条板倾斜式分拣机是一种特殊的条板输送机,待分拣的物品装载在输送机的条板上,当物品行走到需要分拣的位置时，条板的一端自动升起，使条板倾斜，从而将物品移离主输送机。物品占用的条板数随不同商品的长度而定，经占用的条板如同一个单元，同时倾斜，因此，这种分拣机对物品的长度在一定范围内不受限制。

（2）翻盘式分拣机。

翻盘式分拣机又称轨道台车式分拣机，如图3-72所示。这种分拣机是由一系列的盘子组成，盘子为铰接式结构，向左或向右倾斜。装载商品的盘子运行到一定位置时，盘子倾斜，将商品翻到旁边的滑道中，为减轻商品倾倒时的冲击力，有的分拣机能控制商品以抛物线状被倾倒出来。这种分拣机对分拣商品的形状和大小没有特殊要求，但以不超出盘子为限。对于长形商品可以跨越两只盘子放置，倾倒时两只盘子同时倾斜。这种分拣机通常采用环状连续输送，其占地面积较小，又由于是水平循环，使用时可以分成数段，每段设一个分拣信号输入装置，以便商品输入，而分拣排出的商品在同一滑道排出，这样就可提高分拣能力。

图3-72　翻盘式分拣机

3. 窄带式分拣机

窄带式分拣机（见图3-73）采用多条平行的窄带作为输送面，以辊筒顶升移载机作为分拣装置，可双向90°分拣，适用于将各种物品输送分拣到密集排布的分拣道口或作业站台，适合生产线末端成品入库码垛区的分拣、订单拣选后复核包装区的分拣、订单集货暂存区的分拣等场景的应用。窄带分拣机的设备结构轻巧、维护简单、性价比高、综合噪声小；窄带分拣机的分拣通道可以紧邻部署，其格口密度几乎媲美交叉带式分拣机，同样数量的分拣通道节约场地更多，可实现分拣通道的变更和模块化扩展，是中小产品自动化分拣中性价比很高的解决方案。

图 3-73 窄带式分拣机

4. 交叉带式分拣机

交叉带式分拣机又叫横移皮带式分拣机，如图 3-74 所示。这种分拣机是由翻盘式分拣机发展起来的一种新型的环状分拣机，它用一短段横向（垂直于主输送方向）的皮带输送机作为分拣货品的承载器，用来代替翻盘。交叉带式自动分拣系统，也是当下最流行、设备最成熟的分拣设备。

图 3-74 交叉带式分拣机

交叉带式分拣机利用直线电机等动力驱动首尾相接的小车队列沿着环形轨道高速运动，每辆小车载有由独立动力驱动的输送带，可与小车运行方向垂直运动，贴有条码单的货物经半自动或全自动导入台导入分拣机小车，经扫描器读码并在后台系统中查找对应的地址,当载有货件的小车运行到指定的分拣口位置,小车皮带转动,平滑地将货件进行分拣。交叉带式分拣系统,适用于中小型包裹的分拣,其称重范围及包裹体积范围可满足目前大多数的电商包裹类型,分拣格口多、灵活性强,而且还能根据需要布置成两层甚至多层,节约分拣区面积。交叉带式分拣机成为快递转运中心使用率最高的分拣系统。

5. 斜导轮式分拣机

斜导轮又叫摆轮,其核心分拣结构为"摆轮矩阵",格口位置匹配"摆轮矩阵",包裹在主输送机上传输,到达目标格口后,通过伺服电机控制摆轮的转向来改变包裹前行的路径,达到分拣目的,如图 3-75 所示。斜导轮式分拣机的核心优势就是能够对超大件和超重物件的质量和体积进行测量,还可以转向分拣。

图 3-75 斜导轮式分拣机

6. 直落式分拣机

直落式分拣机通过牵引链驱动,所输送的货物放在一些底部有活门的托盘上。当托盘到达预定位置后,由分拣系统发出信号,活门打开,货物落入指定的容器,如图 3-76 所示。采用这种装置不需要辅助作业就很容易实现分拣货物的集中,一般用来对扁平状的货物进行分类,如书籍和扁平包裹。

图 3-76　直落式分拣机

7. 分拣机器人

分拣机器人实际上是带有货物自动释放功能的 AGV。如图 3-77 所示，分拣机器人能够通过地面上粘贴的二维码进行定位和导航，通过机器人调度系统的指挥，抓取包裹后，穿过配有工业相机和电子秤等外围设备的龙门架；由于工业相机的读码功能和电子秤的称重功能，机器人调度系统便识别了快递面单信息，完成包裹的扫码和称重，并根据包裹目的地规划出机器人的最优运行路径，调度机器人进行包裹分拣投递。

图 3-77　分拣机器人

3.6　包装设备

3.6.1　包装设备的类型

包装的类型多种多样，涉及的包装技术和包装设备也是各不相同，本教材只介绍目前物流仓库中常用的装箱机、裹包机、捆扎机、集装机、贴标签机、辅助包装机等包装设备。

1. 装箱机

装箱机是将若干包装件或产品按一定方式装入箱内的机械设备，如图 3-78 所示。

图 3-78 装箱机

2. 裹包机

裹包机适用于对块状，并具有一定刚度的物品进行包装；有些粉体和散粒体物品经过浅盘、盒等预包装后，也可按块状物品进行包装。

用于裹包的材料很多，常用的有纸、玻璃纸、单层塑料薄膜及复合材料等。根据裹包材料和方式的不同，裹包机可分为折叠式裹包机、接缝式裹包机、覆盖式裹包机、缠绕式裹包机等，如图 3-79 ~ 图 3-80 所示。

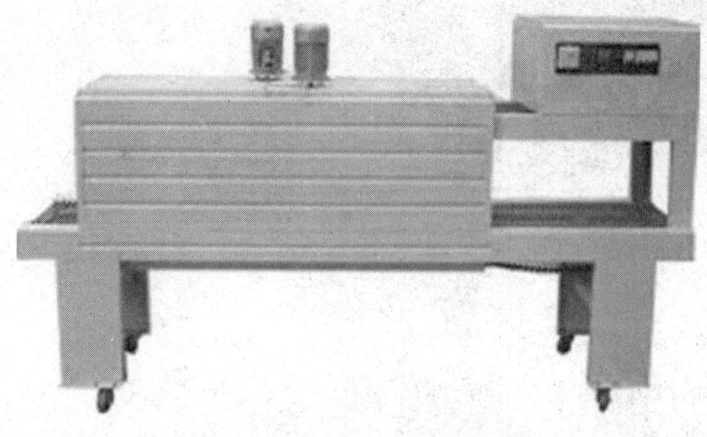

图 3-79 全自动热收缩膜裹包机

图 3-80　拉升薄膜缠绕机/托盘裹包机

3. 捆扎机

捆扎技术是指将商品或包装件用适当的材料扎紧或固定的操作过程。用来对包装产品进行捆扎的设备为捆扎机，即打包机，如图 3-81 所示。

捆扎机按自动化程度分为全自动捆扎机、半自动捆扎机和手提式捆扎机；按捆扎带材料分为有绳捆扎机、钢带捆扎机、塑料带捆扎机。

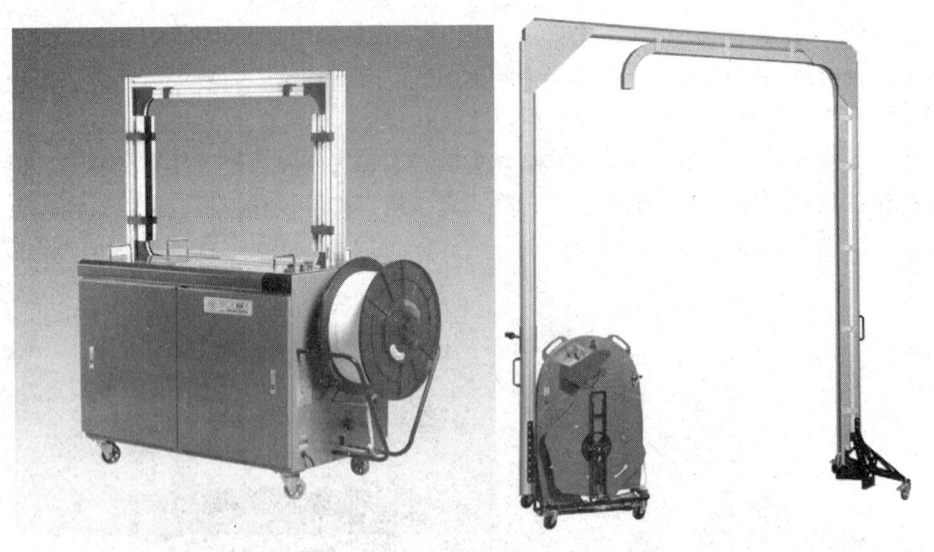

图 3-81　捆扎机

4. 集装机

集装机是指将包装单元集成或分解，形成一个适合的搬运单元的机器，包括集装机、堆码机、拆卸机。

5. 贴标签机

贴标签机是采用黏合剂或其他方式将标签展示在包装件上的机器,包括黏合贴标机、钉标签机、挂标签机、收缩标签机、不干胶标签机等。

6. 辅助包装机

辅助包装机是对包装材料、包装容器、包装辅助物和包装件执行非主要包装工序的机器,包括打印机、整理机、检验机、选别机、输送机、投料机等。

3.6.2 智慧包装设备

1. 智慧包装机器人

智慧包装机器人是应用于包装行业的工业机器人。典型的包装机器人包括装箱机器人、码垛机器人和贴标机器人。

(1) 装箱机器人。

装箱机器人通过末端执行器对待装箱产品采用抓取或吸取方式,将产品送到指定的包装箱或托盘中,如图 3-82 所示。

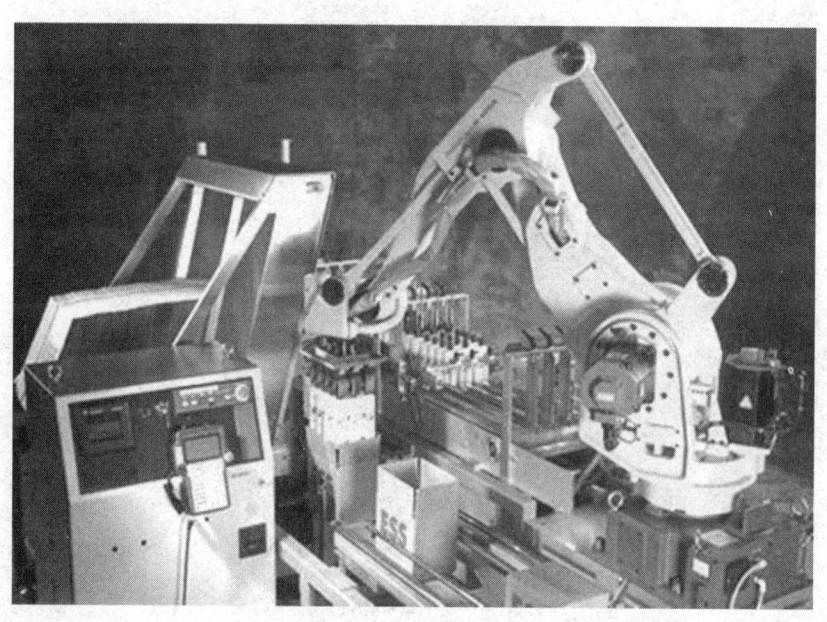

图 3-82 装箱机器人

(2) 码垛机器人。

码垛机器人是机械与计算机程序有机结合的产物,能够抓取物品按设定好的规则将物品整齐码放到托盘上,或者将托盘上的货垛有序拆垛并将物品放置指定位置,如图 3-83 所示。

图 3-83　码垛机器人

（3）贴标机器人。

贴标机器人运用视觉技术，追踪定位搬送线上产品位置的同时，为产品自动精准贴付标签。其将打印、定位、贴标、传送于一体整合，空间占位小，如图 3-84 所示。

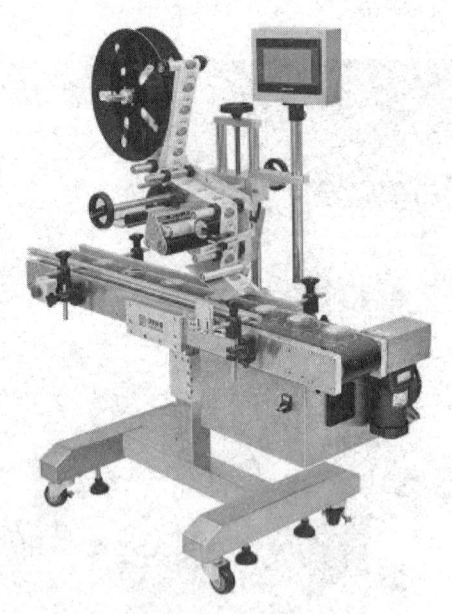

图 3-84　贴标机器人

2. 智慧包装作业线

智慧包装作业线是将自动包装机、包装机器人和有关辅助设备用输送装置连接起来，再配以必要的自动检测、控制、调整补偿装置及自动供送料装置，成为具有独立控制能力的包装作业生产线，如图 3-85 所示。智慧包装作业线主要由控制系统、自动包装机和包装机器人、输送装置和辅助工艺装置等组成。

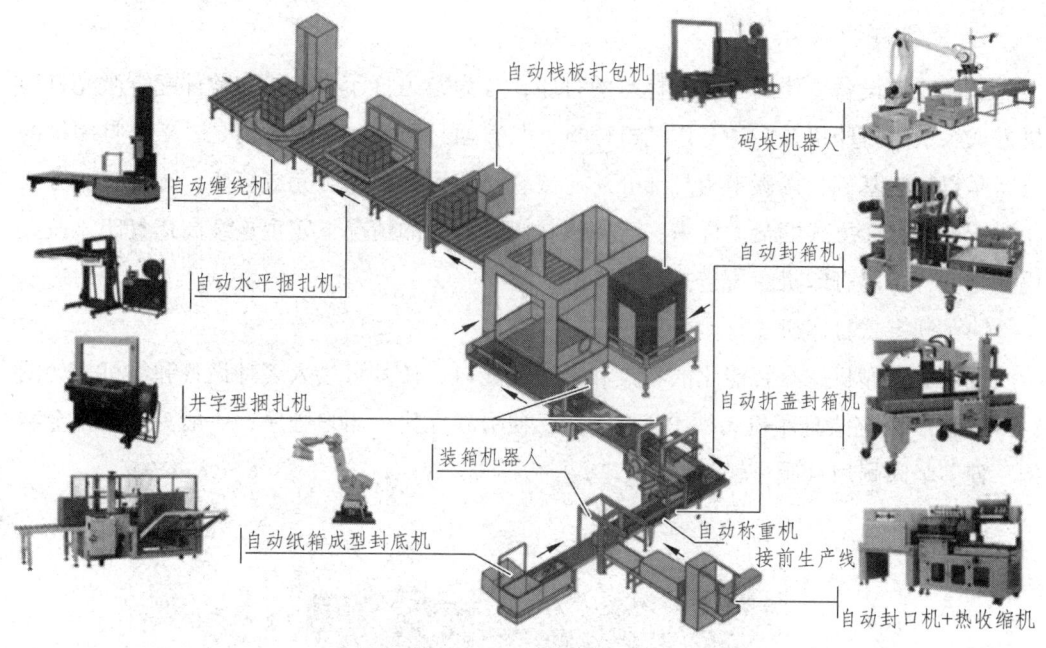

图 3-85 智慧包装作业线

比如,京东依托智能耗材推荐系统——精卫,整合包括磁悬浮打包机、气泡膜打包机、枕式打包机、对折膜打包机等 18 种智能设备,实现了针对气泡膜、对折膜、纸箱等各种包装材料的统筹规划和合理使用,形成了软件硬件一体化的智能打包系统的解决方案。

3.7 识别设备

智能仓库的物品自动识别主要依靠的识别技术有条码识别技术、射频识别技术。对应的设备包括条码技术装备、射频识别技术装备,以及数据采集器等。智慧化的物流设备还会应用机器视觉识别技术。

3.7.1 条码技术装备

条码(Bar code)自动识别技术是以计算机技术、光电技术和通信技术的发展为基础的一项综合性科学技术,是信息数据自动识别、输入的重要方法和手段。从 20 世纪 40 年代进行研究开发以来,条码自动识别技术在几十年里取得了长足发展,现已应用在计算机管理的各个领域,如商业、工业、交通运输业、邮电通信业、物资管理、仓储、安全检查、票证管理以及军事装备、工程项目等。条码技术的核心内容是利用光电扫描设备识读条码符号来实现对物品的自动识别,并快速、准确地把数据录入计算机进行数据处理,从而达到自动管理的目的。条码技术的应用为物流管理提供了有力的技术支持。智能仓库中使用的条码技术装备主要有条码打印设备、条码扫描器及条码自动识别系统等。

1. 条码打印设备

条码打印设备主要用于条码标签的打印，分为条码打印机方式和软件配合激光打印机方式。条码打印机是一种专用的打印机，与普通打印机的最大区别是，条码打印机的打印是以热为基础，以碳带为打印介质（或直接使用热敏纸）完成打印，这种打印方式相对于普通打印方式的最大优点在于可以在无人看管的情况下实现连续高速打印。按照用途划分，条码打印机主要包括以下 5 种。

（1）固定式打印机（打印引擎）。

固定式打印机具有智能化的特点和丰富的接口，使其可接入多种设备和主机，如图 3-86 所示。固定式打印机无须 PC 机支持，便可独立执行用户程序，一般为铸镁合金结构，使其坚固耐用且质量轻。

图 3-86 固定式打印机

（2）工业级条码打印机。

工业级条码打印机如图 3-87 所示，一般外壳为结实耐用的压铸金属，具有坚固耐用、处理能力强、打印速度快、寿命长、打印精准、少维护、耗材更换周期长等特点，满足工业现场使用的需要及工业高品质打印的要求。

（3）商用型条码打印机。

商用型条码打印机用于办公室、小型工厂等印量较小的场合，一天的打印量在几百张以内时使用。商用型条码打印机所采用的机械结构主要以金属和塑料组合为主，在价格上有相当的优势。

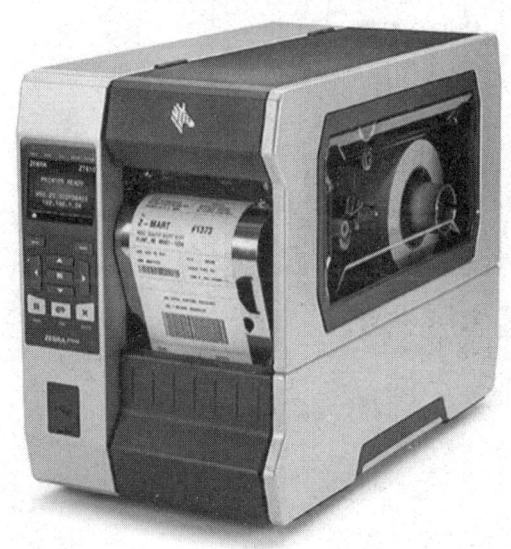

图 3-87 工业级条码打印机

（4）桌面型条码打印机。

如图 3-88 所示，桌面型条码打印机为小型经济型条码打印设备，适合用于中小企业移动办公之用。其体积小，结构坚固，功能强大，价格低廉，适用于小批量打印，每天打印量在几十张左右。

图 3-88 桌面型条码打印机

（5）便携式条码打印机。

便携式条码打印机即可以随身携带的条码打印机，所用材料以热敏纸为主，凭借电池提供电力，如图 3-89 所示。便携式条码打印机体积小巧、轻便、抗环境干扰，采用了红外或蓝牙技术作为打印数据通信的接口。

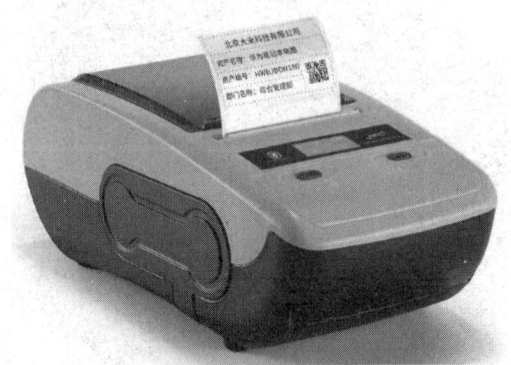

图 3-89　便携式条码打印机

2. 条码扫描器

条码扫描器又称为条码阅读器、条码扫描枪。它是用于读取条码所包含信息的阅读设备，利用光学原理，把条形码的内容解码后通过数据线或者无线的方式传输到计算机或者其他设备，广泛应用于超市、物流快递、图书馆等扫描商品、单据的条码。

条码扫描器按扫描方式分为接触式和非接触式两种；按操作方式分为手持式和固定式两种；按原理可分为光笔扫描器、CCD（Charge Couple Device）扫描器、激光扫描器和拍摄扫描器 4 种；按扫描方向可分为单向和全向条码扫描器，其中全向条码扫描器又分为平台式和悬挂式两种。在智能仓库中，常用的商用条码扫描器主要有 4 种：CCD、激光、影像型红光和手机条码识别软件。

（1）CCD 扫描器。

CCD 扫描器是利用光电耦合原理，对条码印刷图案进行成像，然后再译码。

CCD 阅读器使用一个或多个 LED，发出的光线能够覆盖整个条码，条码的图像被传到一排光上，被每个单独的光电二极管采样，由邻近的探测结果为"黑"或"白"区分每一个条或空，从而确定条码的字符。换言之，CCD 阅读器不是单独地去阅读每一个"条"或"空"，而是条码的整个部分，并转换成可以译码的电信号。

选择 CCD 扫描器时，最重要的两个参数是景深和分辨率。由于 CCD 的成像原理类似于照相机，如果要加大景深，则相应的要加大透镜，从而使 CCD 体积过大，不便操作。优秀的 CCD 应无须紧贴条码即可识读，而且体积适中，操作舒适。如果要提高 CCD 分辨率，必须增加成像处光敏元件的单位元素。

CCD 扫描器的质量比激光阅读器轻，而且不像光笔一样只能接触阅读。CCD 阅读器的局限在于它的阅读景深和阅读宽度，在需要阅读印在弧形表面的条码（如饮料罐）时会有困难；在一些需要远距离阅读的场合，如仓库领域，也不是很适合；CCD 的防摔性能较差，因此故障率较高；在所要阅读的条码比较宽时，CCD 也不是很好的选择，信息很长或密度很低的条码很容易超出扫描头的阅读范围，导致条码不可读；某些采取多个 LED 的条码阅读器中，任意一个 LED 故障都会导致不能阅读；大部分 CCD 阅读器的首读成功率较低且误码率高。

（2）激光手持式扫描器。

如图 3-90 所示，激光手持式扫描器是利用激光二极管作为光源的单线式扫描器，它主要有转镜式激光手持式扫描器和颤镜式激光手持式扫描器两种。

图 3-90　激光扫描器

转镜式激光手持式扫描器采用高速电机带动一个棱镜组旋转，使二极管发出的单点激光变成一线。这条激光线扫到条码本身，条码黑色吸收大部分激光，白色反射大部分激光，同时反射光线通过"引擎"里的光学镜片，反射、聚焦到一块光电三极管上。在时域上观测，扫描到条码黑带上时光电三极管输出低电平，扫描到白带上时光电三极管输出高电平。经过若干次放大，整形为一矩形波，矩形波与扫描到的条码对应。所得波形再经过数据线传到"解码器"。"解码器"是一单片机，主要依靠终端和单片机计数器记录波形跳转时间，所采集到的数据在下一次扫描或回扫时进行数字解码。依靠这些计数器计得的时间比例来解码对应的条码。在实际应用中，条码种类繁多，而且可能遇到不规则或褶皱表面，所以解码部分需要一定的容错能力，但又不能产生误码。

颤镜式激光手持式扫描器的制作成本低于转镜式，但这种原理的激光枪不易提高扫描速度，一般为 33 次/s。

激光扫描仪可以很好地用于非接触扫描，通常情况下，在阅读距离超过 30 cm 时激光阅读器是唯一的选择。激光阅读条码密度范围广，并可以阅读不规则的条码表面或透过玻璃或透明胶纸阅读，因为是非接触阅读，因此不会损坏条码标签。又因为有较先进的阅读及解码系统，激光扫描器首读识别成功率高、识别速度相对光笔及 CCD 更快，而且对印刷质量不好或模糊的条码识别效果好，误码率极低（约为三百万分之一）。激光阅读器的防震、防摔性能也很好。

商业企业在选择激光扫描器时，最注重是扫描速度和分辨率，而景深并不是关键因素，因为当景深加大时，分辨率会大大降低。优秀的手持激光扫描器应当具有高扫描速度，固定景深范围内应具有很高的分辨率。

（3）全角度激光扫描器。

全角度激光扫描器是通过光学系统使激光二极管发出的激光折射成多条扫描线的条码扫描器，主要目的是减轻收款人员录入条码数据时对准条码的劳动。选择时应着重注意其扫描线花斑分布，即在一个方向上有多条平行线、某一点上有多条扫描线通过、在一定的空间范围内各点的解读机率趋于一致。

（4）手机条码识别软件。

手机条码识别软件是指具备识读一、二维码及相关应用功能的手机软件。软件功能主要包括条码获取、文件管理、网页书签等，用户可以使用此软件识读 DM（Data Matrix）码、QR（Quick Response）码等内容信息，并进行 WAP 上网码跳转、各类应用码识读、条码信息收藏、网页书签收集等相关的业务应用操作。条码识别软件能扫描条码到各款智能手机，并与之成为一体，使得手机变身数据采集器，能很好地应用于快递物流、医疗管理、家电售后、销售管理、政府政务等各个行业，帮助企业提高移动办事效率，降低规模成本。

3. 条码自动识别系统

条码自动识别系统是由条码符号设计、制作及扫描识读组成的自动识别系统，构成要素包括条码、条码识读装置、通信系统、处理器以及执行机构。条码识读装置即各种类型的条码扫描器，其功能是译读条码符号并转化成计算机可以识别的二进制编码，然后输入计算机。条码自动识别系统可以完成条码的读入，以及条码信息的通信和传输。

条码读入由扫描器和译码器完成，扫描器负责获取条码信息，译码器则用来分析扫描器读入的信号，并解读出条码的编码信息。经扫描并被译码的信息通常需要传送到中央处理计算机进行处理，一般在条码译码器内部由单片机或者专用集成电路来完成译码及传送。它采用串行接口或键盘接口与中央处理计算机连接。由于条码识别与生产控制流程、信息管理作业等相关，因此，还需要建立相应的条码采集系统，将各点、位获取的条码信息通过网络传输，集中进行处理。

在早期的条码识别系统装备中，扫描器和译码器是分开的，现在的设备大多已合成一体，整个设备完整、方便、灵巧，只要计算机配置了网络控制器这类的接口软件、硬件，条码系统就能同时处理多个条码识读装置输入的条码信息。

3.7.2 射频识别技术装备

射频识别技术（Radio Frequency Identification，RFID）是自动识别技术的一种，通过无线射频方式进行非接触双向数据通信，利用无线射频方式对记录媒体（电子标签或射频卡）进行读写，从而达到识别目标和数据交换的目的。智能仓库中使用的射频识别技术装备主要包括电子标签、阅读器和集成应用系统。

阅读器和电子标签之间的射频信号的耦合类型有电感耦合、电磁耦合两种：

（1）电感耦合为变压器模型，通过空间高频交变磁场实现耦合，依据的是电磁感应定律。电感耦合方式一般适合于中、低频工作的近距离射频识别系统。典型的工作频率有 125 kHz、225 kHz 和 13.56 MHz，识别作用距离小于 1 m，典型作用距离为 10~20 cm。

（2）电磁耦合为雷达原理模型，发射出去的电磁波，碰到目标后反射，同时携带回目标信息，依据的是电磁波的空间传播规律。电磁反向散射耦合方式一般适用于高频、微波工作的远距离射频识别系统。典型的工作频率有 433 MHz、915 MHz、2.45 GHz、5.8 GHz，识别作用距离大于 1 m，典型作用距离为 3~10 m。

1. 射频标签

射频标签又称电子标签、应答器、数据载体。射频标签作为数据载体，能起到标识识别、物品跟踪、信息采集的作用。无须人工干预，RFID 技术可识别高速运动物体并可同时识别多个射频标签，操作快捷方便。

射频标签进入磁场后，接收解读器发出的射频信号，凭借感应电流所获得的能量发送出存储在芯片中的产品信息（Passive Tag，无源或被动标签），或者主动发送某一频率的信号（Active Tag，有源或主动标签）；解读器读取信息并解码后，送至中央信息系统进行有关数据处理。

如图 3-91 所示，射频标签由芯片、天线和电力来源组成。RFID 芯片包含逻辑控制单元、存储器和收发器，进行解码、解密和错误检查等运算。天线用于接收读写器发送的射频资料或传送出本身的识别资料。电力来源又分为主动式和被动式，主动式由标签内部所附电源提供，被动式由读写器送出的无线电波提供。

图 3-91　RFID 射频标签的组成

射频标签按照不同的分类方法可分为以下几种类型：

（1）依据电力来源的不同分为有源（需额外供电）、无源（不需额外供电）、半有源半无源标签等。

（2）依据频率的不同可分为低频、高频、超高频和微波电子标签。

（3）依据封装形式的不同可分为信用卡、线形、纸状、玻璃管、圆形及特殊用途的异形标签等。

射频标签的工作频率是最重要的指标之一。工作频率不仅决定着射频识别系统的工作原理（电感耦合还是电磁耦合）、识别距离，还决定着电子标签及读写器实现的难易程度和设备的成本。

2. RFID 读写器

RFID 读写器又称阅读器或者询问器，是读取和写入电子标签内存信息的设备。RFID 读写器通过天线和电子标签进行无线通信，同时读写器还可以和计算机网络进行连接，完成数据的存储和管理。不同形式的 RFID 读写器如图 3-92 所示。

图 3-92　不同形式的 RFID 读写器

根据使用的结构和技术不同，读写器可以是读/写装置，是 RFID 系统信息控制和处理中心，如图 3-93 所示。在 RFID 系统工作时，由读写器在一个区域内发送射频能量形成电磁场，区域的大小取决于发射功率。在读写器覆盖区域内的标签被触发，发送存储在其中的数据，或根据读写器的指令修改存储在其中的数据，并能通过接口与计算机网络进行通信。

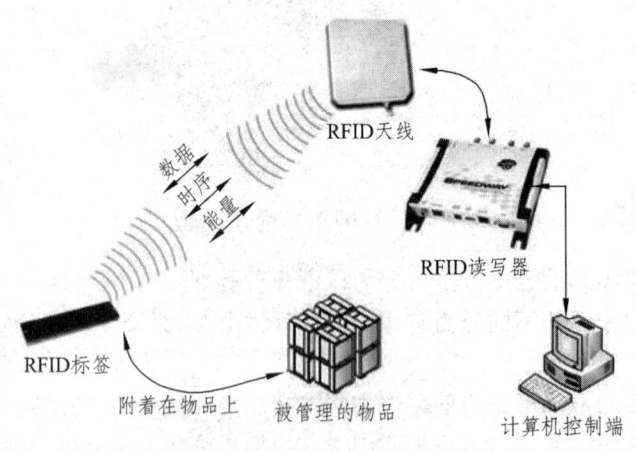

图 3-93　RFID 读写器工作原理

读写器由射频模块、控制处理模块和天线 3 个部分构成，如图 3-94 所示。

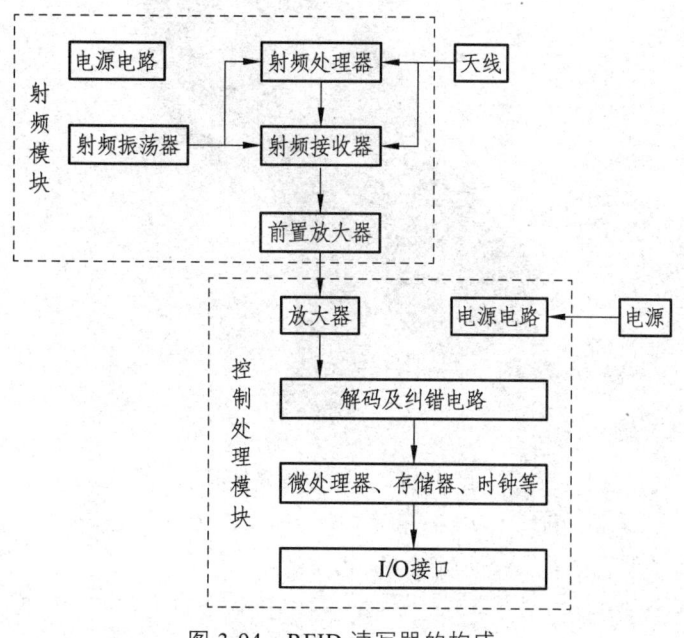

图 3-94　RFID 读写器的构成

与条码扫描器相比，RFID 读写器具有以下明显优势：不需要光源，读取距离远，能在恶劣的环境下工作，可同时处理多个标签，可实时追踪人员、物品及仪器设备，安全性强，系统集成简便，超低功耗，主动标签技术可靠性高。因此，RFID 在制造业、物流、港口、码头、车辆及人员管理等方面得到了广泛应用。

3.7.3　数据采集器

数据采集器通常有两种解释：一是指盘点机、掌上计算机等终端计算机设备，又称工具数据采集器；二是指网络数据采集软件。本教材特指前者，是一种将条码扫描装置、RFID 技术与数据终端一体化，带有电池，可在线或离线操作的终端计算机设备，一般具有中央处理器（CPU）、只读存储器（ROM）、可读写存储器（RAM）、键盘、屏幕显示器、计算机通信接口、条码扫描器、RFID 阅读器、电源等配置，具有数据采集、数据管理和数据传输等功能。部分数据采集器除了具有基础的信息采集功能外，还具备人员识别、移动通信、信息查询、资金收付等功能。数据采集器已经在智慧物流系统中得到广泛应用，按照其数据传输方式，可以分为批处理数据采集器和无线数据采集器，其中无线数据采集器如图 3-95 所示。

图 3-95 无线数据采集器

第4章 仓库仿真软件

物流仿真是针对物流系统进行系统建模，并在电子计算机上编制相应的应用程序，模拟实际物流系统运行状况，并统计和分析模拟结果，用以指导实际物流系统的规划设计与运作管理。物流仿真使用的建模方法有排队理论、Petri网、线性规划等。一些专业的物流仿真软件平台，提供基本的功能元素，使仿真的编程工作大大简化，常见的有FlexSim、AnyLogic、Witness、乐龙、Automod等。由于物流系统的专业化和规模化，物流仿真已经逐步成为物流行业规划与建设的必备环节。

本章着重介绍 Flexsim 和 AnyLogic 等常见仿真软件在仓储物流系统优化中的应用。

4.1 物流仿真软件介绍

随着物流行业的发展，物流仿真技术及软件实现的重要性日益突出。物流软件的开发起源于 20 世纪 80 年代，现阶段常用的物流仿真软件主要来自美国，也有部分仿真软件来自欧洲和国内。物流仿真软件是对商业物流进行建模、分析、可视化控制的强大工具，可以帮助企业规划和实施可靠的物流和制造解决方案，减少投资风险、降低运营成本，同时也是培训人员的有力手段。使用物流仿真软件一个最大的优点是，不需实际安装设备，不需实际实施方案即可验证设备的导入效果和比较各种方案的优劣。在工程建设或设备配置的计划阶段发现和解决问题，因此，它对降低整个物流投资成本起到不可或缺的作用。

4.1.1 物流仿真软件的分类

随着计算机技术和仿真技术的发展，目前有很多物流仿真软件可供选择。物流仿真软件有不同的分类方法。根据软件结构形式，可分成层次结构（Hierarchical）和分散结构（Discrete Manufacturing）两大类型。

根据动画表现形式，可分为2D类（如ARENA、Plant Simulation、ExtendSim、Witness）和3D类（FlexSim、AutoMod、RaLC）。2D是指动画表现形式为二维平面形式，3D是指动画表现形式为三维立体形式。大多数3D类仿真软件也能在2D形式下表现，如FlexSim，建模可在2D环境下进行，在2D环境下建模过程中，自动生成了3D模型，故建立3D模型不需另外花费时间。有些2D类仿真软件通过其他的工具辅助也可表现为3D形式，如ExtendSim、Witness。

根据建模方法，物流仿真软件可分为部件固定类和部件开放类。本质上，物流仿真软件的建模方法大同小异，都是通过组合预先准备好的部件来建模，其中用户不能够定制部件的软件为部件固定类（如ARENA、Witness、ExtendSim、AutoMod、RaLC等），用户能够定制部件的软件为部件开放类（如Flexsim、Plant Simulation等）。部件开放类的仿真软件更具有通用性和扩展性，由于用户定制的部件可被其他用户利用，部件库将会越来越大，从而加快建模速度。

根据仿真软件的来源，可分为普适类和专业类。普适类仿真软件指该软件不但可以用于物流仿真，而且可以应用到其他行业，ExtendSim仿真软件既可用于政府流程、公共事业管理、认知建模和环境保护等仿真模拟，也可以用于工厂设计和布局、供应链管理、物流、生产制造、运营管理等行业。专业物流仿真软件则专门针对物流行业开发，如FlexSim和AutoMod。

4.1.2 物流仿真软件的发展趋势

随着计算机技术的发展和新的建模方法、建模手段的产生，物流仿真软件将逐渐完善并更广泛地应用到物流系统设计、规划当中。

随着技术的发展进步，物流仿真软件的性能也得到不断地完善和提升。其发展趋势主要体现在以下几个方面。

1. 动画功能强化趋势

随着计算机处理速度的提高，各仿真软件制造商都在不断提高模型的动画演示功能。特别是20世纪90年代后研制的仿真软件，更是将现代的图像处理技术融入到了仿真模型中，可直接将大众化的3D图形文件（如*.3ds、*.vrml、*.dxf和*.stl）调到模型中，进行更直观的3D动画演示。

2. 附加优化功能趋势

供应链管理正朝着优化和协同两个方向发展，由此带动了供应链系统建模技术的日益完善。建模手段和模型的求解方法愈加丰富，引入了各种新的和改进的优化技术。仿真不是优化工具，它是对提出的方案进行评估的工具，但是仿真和优化相结合的情况越来越多。在仿真系统中，可以利用优化功能求出其最佳的参数或逻辑。应用于仿真软件中的优化工具有 OptQuest，许多仿真软件把 OptQuest 作为可选项，也有个别的仿真软件如 FlexSim 将 OptQuest 同捆于软件之中。

3. 与其他工具（系统）的连接趋势

新的仿真软件可与 ERP 系统、仓库管理系统、实时数据管理系统等相连接。在这些管理系统中设置若干个数据采集点，采集的数据实时地提供给仿真系统，达到实时仿真的效果。

4. 网络化发展趋势

随着全球化的发展，使得供应链的分布越来越分散，越来越网络化，这使得仿真建模不能仅仅局限在定点、静态的方式下，需要网络化的发展。

4.2 Flexsim

Flexsim 是由美国 Flexsim Software Production 公司出品的一款离散事件系统仿真软件，主要用途是建模仿真，由实体、状态、活动、进程等要素组成，应用于很多领域，在物流行业应用较多，制造型企业、仓储管理方面也有应用。例如，制造型企业的产品生产过程，仓库场地的仿真模拟运行；在服务行业，模拟排队办理业务等；在运输行业，模拟仓库内部货架的移动、仓库布局等，都可以用 FlexSim 进行模拟仿真。

为了实现优化物流过程、配送中心建设、设备能力、生产线能力、作业流程和订单排序的目的，应用系统仿真技术，FlexSim 能够在系统规划设计阶段，对设备配置、设备布局、设备运行参数等方面进行仿真分析，评价和对比不同的系统设计方案。

在物流业中使用 FlexSim 能有效降低生产和规划过程中的隐形成本，具体能够解决的问题包括分析设备利用率，减少等待时间和队列长度，有效地分配资源，最大程度地减少故障带来的负面影响，减少次品和浪费带来的负面影响，投资方案的准确评估，确定产品的吞吐量，对可降低成本的方案进行研究，优化物料搬运的路线，研究预置时间和更换工具产生的影响，优化产品和服务的优先级和分配逻辑，展示新器械的设计和用途，辅助日常决策的制定。

FlexSim 在许多物流和制造企业中获得了广泛应用，如 UPS、IBM、加拿大邮政、LG Philips、西门子、德马泰克等，根据这些企业的使用效果，应用仿真分析方法改进物流系统方案后可使总投资减少 30%。FlexSim 在物流教育领域也有广泛应用。

4.2.1 FlexSim 仿真模型的基本组成

1. Objects 实体

实体包括资源类实体（Fixed Resource）、执行类实体（Task Executer）、网络类实体（Node）、图示类实体（Visual Object）。

资源类对象一般是指仿真模型中的主干对象,此类对象决定了模型的流程。

执行类对象可从固定资源对象中获取并执行任务。一个执行类对象可以向其他执行类对象指派任务,或者管理模型中所有的执行类对象。

网络类对象一般用来设定 Task Executer 对象的行动路线。

图示类对象可用在仿真模型中显示各种信息、标识、图片或图表等。

临时实体是那些在模型系统中移动通过的实体。临时实体可以代表零件、托盘、组装部件、纸张、集装箱、人、电话呼叫、订单,或任何移动通过你正在仿真的过程的对象。临时实体可以被加工,也可以被物料运输资源携带通过系统。在 Flexsim 中,临时实体产生于一个发生器实体。一旦临时实体从模型系统中通过,它们就被送至吸收器实体。

2. Connection 实体

FlexSim 通过对象之间的连接定义仿真模型的流程,模型中对象之间是通过端口来连接的,每个对象通过端口与其他对象进行通信。每个 FlexSim 的对象都可有多个端口,没有数量限制,端口可分为输入端口(input ports)、输出端口(output ports)和中心端口(center ports)3 种类型。输入端口和输出端口用于完成资源类实体之间的连接;中间端口用于完成执行类实体与资源类实体之间的连接。

3. Methods 方法集

每个对象都具有不同的功能,这些功能确定对象的运行方式,这些不同的功能在 FlexSim 中称为方法,方法集是完成一项任务的一系列规则集。Flexsim 采用一系列方法集来完成所建模型的作业。

Arrival Method 决定迁移实体的产生和到达模式。

Trigger Method 确定迁移实体的流动信息内容,信息传递目标对象和传递时间等。

Flow Method 决定迁移实体的流向、流动方式和流动时间。

Navigation Method 决定 3D 视图的导航以及空间飞行模式。

FlowItem Bin Method 定义迁移实体的属性。

TaskExecuter Move Method 决定迁移实体如何从一个固定资源流向另一个固定资源。

4.2.2 FlexSim 的特点

FlexSim 作为一种三维可视化仿真软件,具有以下特点。

1. 面向对象

FlexSim 应用于深层开发对象,这些对象代表着一定的活动和排序过程。要想利用模板里的某个对象,只需要用鼠标把该对象从库里拖出来放在模型视窗即可。每一个对象都有一个坐标、一个速度、一个动态行为,且可旋转。对象可以创建、删除,而且可以彼此嵌套移动,它们都有自己的功能或继承来自其他对象的功能。这些对象参数可以快速、准确、高效地把制造业、物流业的业务流程建模的主要特征描述出来。

FlexSim 中的对象参数可以表示几乎所有存在的实物对象，如机器、操作员、传送带、叉车、仓库、交通灯、储罐、箱子、托盘、集装箱等都可以用 FlexSim 中的模型表示，同时数据信息也可以轻松地用 FlexSim 丰富的模型库表示出来。FlexSim 也允许用户建立自己的模拟对象，用户可以自行建立自己特殊的对象，一旦建立完成，其他用户便可以共享这些对象而无须重新建立。

2. 层次结构

运用 FlexSim 所建立的仿真模型具有层次结构。在组建客户对象的时候，每一组件都使用继承的方法，在建模中使用继承结构可以有效地节省开发时间，建模时可以充分利用 Microsoft Visual C++的层次体系特性。

3. 可重用性

由于 FlexSim 中的对象都是开放的，因此这些对象可以在不同的用户、库和模型之间进行交换，可以在对象中根据自己的想法改变已经存在的代码，删除不需要的代码，甚至还可以创建全新的对象。不论是已设定的还是新创建的对象都可以放入库中，而且可以应用在别的模型中。由于对象的高度可自定义性，可以大大提高建模的速度。当用户自定义的对象加入库中时，就可以非常方便地在别的模型中使用该对象。可定制化和可重用性可以显著扩展对象和模型的生命周期。

4. 可视化

FlexSim 的虚拟现实动画以及模型浏览窗口可以把所有实时的虚拟现实图形整合在模型输出窗口。其内置的虚拟现实浏览窗口，可添加光源、雾以及虚拟现实立体技术，以方便实际演示、定义"Fly-Through&quot"（三维视角的空间路径），将不同视角的模型运行状态实时显示出来，且可通过内置的 AVI 录制器快速生成 AVI 文件来记录仿真过程。

4.2.3 FlexSim 进行物流系统仿真建模的步骤

1. 确定仿真目标

该阶段的任务是要明确所需要仿真的对象以及需要模型达到的程度，拟定相应的计划，比如可以将自动堆垛与智能分拣实验室设定为仿真对象，仿真的目的是还原该实验室并对该实验室进行升级改造。

2. 收集和整理数据

仿真模型的建立与完善需要大量的数据，这些数据的准确性会很大程度上影响仿真结果的正确与否，一般来说所需的数据包括平面布局、设备组成、物体形状、尺寸大小等。

3. 建立布局模型

根据整个系统的结构和作业策略，分析各个部分之间的数学逻辑关系，并以此来建立布局模型。

4. 建立仿真模型

根据前一步完成的布局模型和收集到的数据来建立仿真模型，仿真模型要求能够反映现实世界的真实情况。

5. 验证模型

一般来说很难将仿真模型一次性建立完善并且没有任何错误，在建立模型的过程中或多或少都会有错误与遗漏，这时就需要对仿真模型进行进一步的完善修改，如调整参数和验证逻辑等。

6. 仿真运行

验证模型完毕就要对建立的模型进行大量运行，得到充足的仿真输出资料。

7. 分析仿真结果

对于经过仿真运行之后得到了模型的运行情况，需要从模型优化的角度来思考问题，分析影响整个模型运行效率的关键因素，并且提出改善措施。

8. 保存模型

把经过验证和考核的仿真模型以及相关的输出数据保存起来供相关人员进行决策。

4.3 AnyLogic

Anylogic 是来自于俄罗斯的一款仿真软件，底层基于 Java 语言编译，在学术界比较普及。它有三大建模方式：系统动力学建模、离散事件建模、智能体建模，所以建模比较灵活，是一款应用广泛的建模和仿真工具。它的应用领域包括：物流、制造生产业、行人交通、行人疏散、城市规划建筑设计、Petri 网、城市发展及生态环境、经济学、业务流程、服务系统、应急管理、GIS 信息、公共政策、港口机场、疾病扩散等。

AnyLogic 是一款独创的仿真软件，它以最新的复杂系统设计方法论为基础，是第一个将 UML 语言引入模型仿真领域的工具，也是唯一支持混合状态机且能有效描述离散和连续行为的商业化软件。

AnyLogic 可以有效协助人们快速构建被涉及系统的仿真模型和系统的外围环境，包括物理设备和操作人员。所有的建模技术都是以 UML-RT、Java 和微分方程为基础，这也是目前大多数先进用户所熟悉的技术。AnyLogic 的动态仿真具有独创的结构，用户可以通过模型的层次结构，以模块化的方式快速地构建复杂的交互式动态仿真，并可以通过 Internet 访问在 Web 页面上显示。

4.3.1 AnyLogic 仿真的特点

1. 多方法建模环境

AnyLogic 支持现有的所有建模方法进行模型开发，如离散事件、智能体和系统动力学，如图 4-1 所示。用户使用 AnyLogic 软件可以将 3 种建模方法任意组合，能够对任何复杂程度的业务系统进行仿真。在 AnyLogic 中，可以使用多样的可视化建模语言，包括过程流程图、状态图、行动图、存量及流量图。

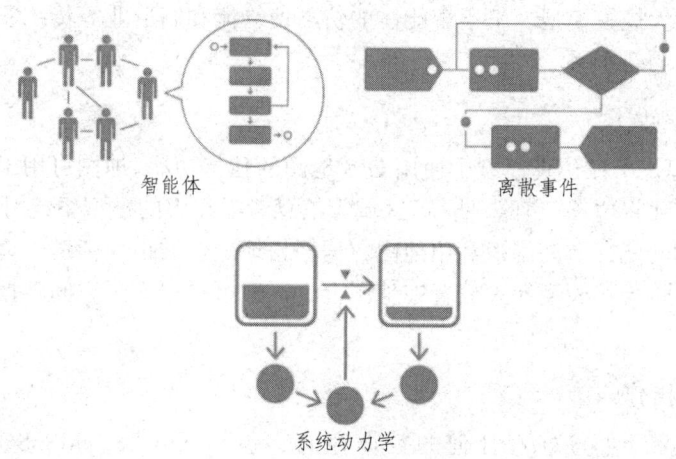

图 4-1　AnyLogic 的多种建模方法

2. 动画和可视化

用户可以借助 AnyLogic 提供的工具将流程图转换为具有 3D 和 2D 图形的交互式影像，将模型以直观的方式呈现给观众。用户还可以使用广泛的图形化对象将汽车、员工、设备、建筑物以及其他项目和流程进行可视化，也可以将自定义的 3D 模型、图像、CAD 图形和形状文件导入到仿真模型中。值得注意的是，通过添加直观的导航和控件，可以使模型具有交互性，将仿真变为功能全面的管理仪表板。

3. 特定行业库

AnyLogic 提供了特定行业的工具库，并且无须支付额外费用。这些特定行业库包括：

流程建模库——模拟通用业务流程和工作流程等。

流体库——模拟矿业、石油和天然气等行业的散装货物和液体转移等。

轨道库——模拟铁路、码头和场站等。

行人库——模拟机场、体育场、车站和购物中心的人流等。

道路交通库——模拟车辆（卡车、公共汽车）在道路、停车场、工厂等的移动。

物料搬运库——模拟制造和仓储过程。

行人库、轨道库和道路交通库对物体的运动和相互作用提供了详细的物理层的仿真，不需任何其他通用仿真工具的支持。

4. 基于智能体的专业仿真软件

AnyLogic 是目前为止唯一一款能够构建工业级强度基于智能体模型（Agent-based modeling，ABM）的专业软件工具。ABM 使用户能够对以前一些很难应用仿真的领域进行建模，如市场营销、社会进程、医疗/传染病等。ABM 还允许用户利用组织的大数据，使用具有个性化属性（如消费者行为、特定技能、计划表、绩效数据或健康相关的资料）的智能体来填充大规模模型。基于智能体的仿真使物流和制造业等传统领域的模型达到更加灵活和易用的新水平。

5. GIS 地图集成

AnyLogic 提供了在仿真模型中使用 GIS 地图的独特功能。地图可用于供应链及物流网络或是其他需要将位置、道路、路径、区域等信息考虑在内的模型系统。同时，AnyLogic 内置了地图搜索功能，允许用户利用地图数据轻松地定位城市、街道、道路、医院、商店和公交站点，也可将模型元素放置在地图上，元素可根据实际空间数据沿着现有的道路和路径移动。

6. 数据互操作

AnyLogic 可以直接处理任何的数据存储，包括 Oracle、MS SQL、MySQL、PostgreSQL、MS Access、Excel 和 text 文件。用户使用 AnyLogic 的内置数据库可以快速对模型进行配置和参数化，输出仿真数据和模型运行日志，也可以通过 AnyLogic 的私有云将仿真模型集成到企业的数据工作流程中。

4.3.2　利用 AnyLogic 进行物流仿真建模

如果想要快速入手 AnyLogic，可以有选择性地去操作软件中自带的示例，每一个示例都有详细的操作步骤，只需要一步一步跟着做，反复练习与总结，就可以很快上手该软件。

本教材的第 7 章以自动堆垛与智能分拣实验室为例进行了仿真建模并进行了升级实验。

4.4　其他物流仿真软件

4.4.1　Witness

Witness 是由英国 Lanner 集团基于数十年系统仿真经验开发出的离散型仿真软件，它是面向工业系统和商业系统流程的动态系统建模仿真软件平台，是该领域的主流仿真软件之一。它提供了大量描述工业系统的模型元素，具有交互式面向对象的建模环境、灵活的执行策略、丰富的模型单元、工程友好性强、实时的彩色动画显示、灵活的输入/输出方式。作为可选项，还具备了三维立体显示功能（VR），扩大了其适用范围，不过三维立体显示功能是后来添加的可选项，所以不适合在从大致轮廓的概念设计开始依次建构模型的动态过程中使用。

Witness采用面向对象的建模机制，为了使用户更方便细致地建立和描述自己的系统模型和模型的行为，提供了丰富的模型运行规则和属性描述函数库，其中包括系统公用的函数，与建模元素行为有关的规则与属性函数，与仿真时间触发特性相关的函数等。考虑到用户领域的独特性，Witness还专门提供了用户自定义函数的描述功能，使用户可方便地定制自己的系统。由于用户的流程数据一般存储在数据库或其他文件系统中，为了能方便地引用这些数据，Witness提供了与其他系统相集成的功能，如直接读写excel表，与ODBC数据库驱动相连接，输入描述建模元素外观特征的多种图形格式文件，如jpg、gif、wmf、dxf、bmp等。

Witness主要提供以下几个功能：

（1）工业（商业）系统流程的动态建模与运行仿真。

Witness提供了大量的描述工业系统的模型元素，如生产线上的加工中心、传送设备、缓冲存贮装置等，以及逻辑控制元素，如流程的倒班机制、事件发生的时间序列、统计分布等。用户可方便地使用这些模型元素进行工业系统运行的逻辑描述。通过其内置的仿真引擎，可快速地进行模型的运行仿真，展示流程的运行规律。进一步，在整个建模与仿真过程中，用户可根据不同阶段的仿真结果，随时修改系统模型，如添加和删除必要的模型元素，动态地提高模型的精度。可方便地设计与测试新设计的工厂和流程方案，平衡服务与花费，简化换班模式，评测可选的设计方案。

（2）流程的仿真动态演示。

Witness提供了直观的流程运行动态动画展示，使用户清楚和直观地了解系统的运行过程，通过其Fastbuild功能，可快速生成系统模型元素的三维立体形式，可展示系统模型在三维空间的运行效果。

（3）流程环节的灵敏度分析。

Witness内置强大的仿真引擎及模型元素运行状态的多种表示方法，如饼图、柱图等，使用户实时地看到系统模型各个部分的运行状态，如忙闲等，清楚地展示出流程中的拥堵环节，找出问题所在，为系统的优化设计提供重要的依据。

（4）方便的图形界面操作功能。

Witness提供了多窗口显示，"Drag & Drop"便捷的拖拉建模方法，多种仿真结果的报表及图示。

（5）强大的建模功能模组，层次建模策略，可定制的模型组件库。

Witness提供的系统建模元素主要有属性元素（Attributes）、缓冲与库存元素（Buffer）、运送设备元素（Carrier）、传送设备元素（Conveyors）、描述时间发生规律的统计分布元素（Distributors）等30多个。Witness还允许用户定制自己领域独特的建模元素。

（6）与 FactoryCAD 系统的集成。

在 FcatoryCAD 中以 SDX（Simulation Data eXchange）的文件格式输出系统工艺流程的属性数据，如加工中心的加工循环时间，物料搬运设备的使用效率、经济性指标等。Witness 的 SDX 功能可使用户将从 FactoryCAD 系统里输出的数据转化为 Witness 仿真模型，包括在 Witness 里自动建立布局图表，使用这些数据进行 Witness 路径选择，选项包括部件类型图标的设置、机床类型和传送带表示、改变颜色、缩放比例、改变位置和许多其他的选项，这个重要的预设置也允许一套自动报告选项位置被定义。因此，一个完整的工作模型可以被建立起来。

使用 Witness 仿真软件可以评估装备与流程设计的多种可能性，提高工厂与资源的运行效率，减少库存，缩短产品上市时间，提高生产线产量，优化资本投资。

4.4.2 AutoMod

AutoMod 是目前市面上比较成熟的三维物流仿真软件，属于 Applied Materials 公司。其主要包括 3 大模块：AutoMod、AutoStat 和 AutoView。

AutoMod 模块是为用户提供一系列的物流系统模块来仿真现实世界中的物流自动化系统，主要包括输送机模块（辊道、链式）、自动化存取系统（立体仓库、堆垛机），基于路径的移动设备（AGV 等），起重机模块等。

AutoStat 模块是为仿真项目提供增强的统计分析工具，由用户定义测量和实验的标准，自动在 AutoMod 的模型上执行统计分析。其主要特点是基于发展策略运算法则的最优化分析，用户为得到更好的模型来定义输出审核，多 CPU 并行计算等。

AutoView 模块允许用户通过 AutoMod 模型定义场景和摄像机的移动，产生高质量的 AVI 格式的动画。用户可以缩放或者平移视图，或使摄像机跟踪一个物体的移动，如叉车或托盘的运动。AutoView 可以提供动态的场景描述和灵活的显示方式。

AutoMod 包含被称为物流搬运系统的物质运动的模板。AutoMod 的物流搬运系统支持手动或自动化设备定义物品的运动。物流搬运系统包括：

（1）路线移动系统（路径/载具系统，如叉车、自动导引小车系统、手推车）。

（2）输送带系统（包括皮带和辊子类型）。

（3）自动存储和检索系统（AS/RS）。

（4）机器人系统。

（5）桥式起重机系统。

（6）重力和自由链式输送机系统。

（7）储罐和管道系统。

要定义物流搬运系统，用户只需要定义物流搬运系统中的元素，比如路径和控制点，然后填入运行参数，如速度和加速度。之后 AutoMod 会自动创建相应的设备控制逻辑。同时，统计的运行报告和 3D 动画也会自动创建，给用户提供设施的外观和操作的真实反映。AutoMod 的模型动画可以从任何角度或实时地观看，提供可视化功能。

4.4.3 RaLC（乐龙）

RaLC 系列仿真软件是由日本人工智能服务株式会社独立开发的拥有自主知识产权的物流仿真软件。RaLC 系列仿真软件集现代物流技术、人工智能、3D 图像、数据处理和计算机仿真等技术为一体，专门服务于物流行业和工业工程领域，处于国际领先水平。RaLC 仿真软件的主要功能和特点如下：

1. 建模简单直观

RaLC 系列仿真软件完全中文化界面，点击按钮即可在三维立体画面上显示出对象物体，通过对这些对象物体的配置来进行设计，对各个对象物体的形状和规格，即使在仿真执行中也很容易设置其属性，可以非常直观且简单地建模。使用的时候，不需要复杂的知识。由于仿真结果以动作日志形式排出，所以可以自由进行分析。作为软件包其魅力十足，将系统仿真领域的应用纳入视野，提供解决方案服务，这一点是其最大的优点。

2. 个性化服务

RaLC 系列仿真软件可对每一个用户的个性化需求提供个性化服务。用户独创性机器设备可以与模型整合，人工作业功能的作业管理器也独具特色。例如，对于"分拣、验货、包装、搬运"等一系列作业，用户既可以让多数人来分担，又可以使工人互相协助，或设定作业优先度等。仅仅选用内设菜单选项即可简单完成这些复杂的作业运行，不需要任何复杂编程，且附带有能自动生成最短行进路径的智能化功能。比如，只要给出存货位置数据和分拣指令，作业员就会走向指令产品的放置位置去拣货。即使货位数据当场发生变化，作业员也能立即去适应；布局和货位每发生变化时，在行走路径的设置上不必花费太多时间就能极其简单地进行多方面的验证。基于此功能，也可以在没有传送带和自动立体仓库等机器设备的平置型仓库的人员模拟操作中灵活使用，效果很好。

3. 交互性好

RaLC 系列仿真软件是专业面向物流的 3D 动画仿真软件系统，利用 RaLC 可以把现有的或正在规划中的物流配送中心或工厂在计算机系统中建成虚拟的 3D 动画模型，以实现一种以 3D 动画为载体，集作业人员、搬运设备、货物、控制系统、数据信息合为一体的系统仿真平台，3D 动画模型具体、形象、生动，可非常真实地表现整个物流系统，为物流中心的规划建设和改善提供有效的可视化手段。由于软件采用视窗操作、功能模块直接拖放使用，对使用者的计算机能力要求不太高，在短时间内就可熟练掌握。

总之，RaLC 系列仿真软件采取模块化设计理念，注重数据分析，提供直观结果，以创造利润和产业化为根本目标，具有易学易用、快速建模、专业实用、性价比高等特点。

4.4.4 Plant Simulation

Plant Simulation 软件是由 eM-Plant 发展而来的一款西门子公司旗下的软件，也是一款面向对象的、图形化的、集成的集建模、仿真、动画制作和优化为一体的离散事件仿真软件。作为一款工厂、生产线及物流仿真软件，Plant Simulation 能够对车间布局、生产物流设计、产能等生产系统的其他方面进行定量的验证并根据仿真结果找到优化的方向，从而能够在方案实施前对方案实施后的效果进行验证。

利用 Plant Simulation 软件，可以对工厂和生产线的许多参数进行优化，比如：

1. 工厂布局优化

实际中由于场地有限，或者由于地面不平整，工厂的生产难以实施。此时，可以用 Plant Simulation 软件将工厂中设备和人员的位置进行合理安排，用最小的空间保证生产的安排。

2. 产线性能评估

工厂的设备不可能百分百运转，利用 Plant Simulation 软件可以对产线的各项参数进行仿真动画测试，评估限制生产效率的原因，找到优化的解决方案。

3. 安排生产计划

工厂接到订单的多样性造就了生产的产品品种千变万化，可以利用 Plant Simulation 软件合理安排生产计划，以使生产同批次产品耗时最短。

4. 仓储物流优化

生产完的产品需要储存到仓库中，如果仓库的周转不够迅速，产品不能实时地送到客户手中，那么货物的堆积很可能会导致工厂停产，造成严重的设备资源浪费，可以通过这款软件优化产品的入库出库时间，既提高货物的周转率使资源不被浪费，又提高了企业的服务水准。

5. 智能小车导航

传统工厂中用叉车搬运货物，可以设计智能导航系统让充电小车来搬运货物，节省人力物力，提高产线的自动化和智能化水平。

它提供了丰富的类库和分析工具，采用面向对象的建模方式，搭建虚拟物流系统时只需要拖拽和连线即可。同时，为了更加直观地查看仿真过程，提高可视化的质量，提供 2D 和 3D 显示模式还能支持用户自定义。建模方式支持层次化建模，可以通过自上而下或自下而上的方式，建立不同精细程度的子模型，通过层装框架结构，虚拟模型资源对象更加便于查看和管理，更加灵活地应对分布式和本地化的复杂生产系统。

Plant Simulation 软件还能解决资源利用率、物流供应链、找到工厂瓶颈工位等问题，通过分析工具，如 GA 遗传算法、实验管理器、甘特图、桑吉图、瓶颈分析器等仿真分析工具找到模型的优化方向，并通过 html 汇报给出工艺排产和布局的最佳解决方案，减少成本和时间，进而给公司和工厂带来巨大的利润。另外，还可以通过与 Excel、数据库和 PLC 等常用软件进行交互，实现工业中的集成化、轻便化的生产。

4.4.5 DELMIA/ QUEST

QUEST 系统仿真软件是法国达索系统公司（Dassault Systemes）开发的数字企业互动制造应用软件 DELMIA 的一个子系统。DELMIA 提供了当今业界可用的最全面、集成和协同的数字制造解决方案。通过以工艺为中心的技术来定义、监测和控制各类生产系统，包括从单个的设备单元、生产线、工厂物流直到整个企业的生产过程。DELMIA 针对客户的关键性生产工艺，提供端到端的解决方案，推进企业的关键工艺创新和优化。DELMIA 涵盖了诸多工业领域，包括汽车、航空、结构组装、电力电子、家用消费品、造船等。DELMIA 建立了数字化制造的核心，服务于整个产品生命周期，可与主要的 CAD、PDM 和 ERP 系统集成。

虽然是达索 PLM 的子系统，但是 DELMIA 本身又是一个结构庞大、面向部门的系列解决方案集合，包括面向制造过程设计的 DPE、面向物流过程分析的 QUEST、面向装配过程分析的 DPM、面向人机分析的 Human、面向机器人仿真的 Robotics、面向虚拟数控加工仿真的 VNC。

其中，QUEST 是针对设备建模、实验、分析设备分布和工艺流程的柔性的、面向对象的、基于连续事件的专用模拟软件。2D 和 3D 模型均可以通过按钮式界面、对话框、扩展标准库而得到，实时交互界面允许在运行期间对变量进行修改并观察各参数的演变。QUEST 可单独操作或从 DENEB 软件平台的其他产品中输入模型，准确地确定现有的或系统地优化车间布置、成本、工艺流程。QUEST 对搬运设备和加工设备等特定对象物体布置能使用 3D-CAD 等软件制作的外观并将它们配置到三维立体空间上，并指定货品流程和设备规格等来运行模型。作为制造业生产线的仿真器，QUEST 具有操作简便、演示性能强大、富有现实感等优点，同时，还可以设置逻辑命令语言，所以熟练掌握后可实现高难度的仿真，不过 QUEST 以适用于大型制造业生产线为目的，没有自动立体仓库等常用设备，所以对物流中心或仓库不太适用，且价格非常昂贵。

4.4.6 SIMAnimation

SIMAnimation 是美国 3i 公司设计开发的集成化物流仿真软件，其基于图像的仿真语言，可以简化仿真模型的建立。由于采用 OOP 编程方法，仿真系统可以非常简单地创建模型。许多的先进软件工具都合成为一种语言，包括布局编辑器、完全的 2D 和 3D 动画，曲线拟合，路线优化软件，试验编辑器和完整的用户报表编辑器。同时，仿真模型还包括丰富的交互特点，允许使用者去改变参数输入，目的是通过模拟实际生产情况及市场波动对系统造成的冲击，从而避免在理想状态下系统所无法预料的各种因素，对系统的堵塞有着形象和直观的解决方案。

SIMAnimation 可以处理系统物理元素和逻辑元素，这一点不同于其他的仿真系统。

SIMAnimation 可以提供先进的设计帮助用户仿真更复杂的运动，如物体的传输、旋转、不断运动视觉的呈现，以及特殊空间的显示等在算法上，SIMAnimaiton 在保证出库有限的情况下，按路径最短原则进行自动定位和设计路径，实现多回路运输。

SIMAnimaiton 使用 OpenGL 三维建模技术，集三维实体光照、材质视点变换、漫游于一体，提供真正的三维动画和虚拟的现实世界，使仿真模型更加容易理解。同时使管理、生产、工程人员的意见交流更加容易。

SIMAnimaiton 使用 Petri 网模型技术，在用户定义物理和逻辑模型之后，就可以编辑成为一个可执行模型，在这个模型中仿真和动画同时运行，并且运行非常快，实现了完全交互化，而且可以随时停止来观察统计模型状态。

SIMAnimation 具有多方面独特优势：

（1）建模能力强，具有精确性较高的建模功能。

（2）在仿真软件开发和终端用户使用方面，具有较高的灵活性。

（3）参数化建模是 SIMAnimation 较之其他软件的独特优势，它可以通过多元非线性参数设置，建立精确度较高的三维实体。

（4）SIMAnimation 仿真运行结束后可根据统计数据生成仿真报告，仿真报告以表格、直方图、饼状图等形式表示，显示了各个物流设备的利用率、空闲率、阻塞率等数据。用户可根据仿真报告提供的数据对物流系统的优缺点进行判断，做出科学决策。

4.4.7 ShowFlow

ShowFlow 仿真软件是由荷兰 lncontrol Simulation Software 公司开发的，可为制造业和物流业提供建模、仿真、动画和统计分析工具。ShowFlow 可以提供生产系统的生产量，确定瓶颈位置，估测提前期和报告资源利用率。ShowFlow 还可以被用来辅助投资决策，校验制造系统设计的合理性，通过对不同制造策略进行仿真实验，从而找出最优解。

ShowFlow 仿真软件主要包括几大模块：建模、仿真、统计、分析、动画和文档输出。

1. 建 模

建模可以定义队列、缓冲器、等待区域、操作任务、运输工具、输送机、AGV、立体化仓库、自动存取路径等基本元素的标准属性和特殊属性。

2. 仿 真

采用优化的仿真运算法则技术（OSAT），固定的或变化的时间仿真运行，可对离散事件进行仿真。

3. 统 计

统计可对多种概率分布（均匀、正态、指数、爱尔朗、经验分布等）进行统计分析，并带有随机数生成器。

4. 分　析

输入数据分析，包括数据设置分析、最合适建议等，并可导入 Excel 数据。输出数据分析，包括可输出队列曲线图、柱状图、饼状图等，动态图表显示，用户自定义图表格式，并可将数据输出到 Excel 中。

5. 动画和文档

可产生 2D、3D 动画，可对摄像机进行移动、缩放、旋转。可按功能或元素排序自动生成模型文档，产生仿真事件跟踪报告，输入参数值列表等。

4.4.8　ProModel

ProModel 是由美国 ProModel 公司开发的离散事件仿真软件，它可以构造多种生产、物流和服务系统模型，是目前美国和欧洲使用最广泛的仿真系统之一。ProModel 是一套功能相当强且容易使用的数据及图形导向系统仿真软件，它提供模块化（Module）的观念及操作方式让使用者可弹性地设计多种生产系统模型并进行仿真分析。从小型化工厂（small job shops），大型工厂生产（large mass production）及先进的弹性制造系统（flexible manufacturing system）皆可较容易地规划及模拟。

ProModel 基于 Windows 操作系统，采用图形化用户界面，并向用户提供人性化的操作环境。ProModel 提供 2D 和 3D 建模及动态仿真环境场景。用户根据需求，利用键盘或鼠标选择所需的建模元素，就可以建立仿真模型。在定义系统的输入输出、作业流程和运行逻辑时，ProModel 提供了多种手段，既可以借助参数或利用条件变量进行弹性调整，也可以利用程序语言实现控制，从而改变系统的设置和运行逻辑。对制造和物流系统的人员、机器、物料、夹具、机械手、输送带等动态建模元素，可以设定元素的速度、加速度、容量、运作顺序、方向等属性。

此外，ProModel 软件还提供了 SimRunner 模块。SimRunner 具有基于进化算法（evolutionary algorithm）的优化功能，用户可以使用 ProModel 提供的宏指令输入元素和目标函数。SimRunner 则根据输入元素及其边界条件，寻求目标函数的最大值或最小值，或实现用户指定的目标值。优化输出报告包括目标函数的均值、置信区间以及输入变量的取值等。

4.4.9　ARENA

ARENA 是一种管理系统模拟软件，是美国 System Modeling 公司于 1993 年开始研制开发的新一代可视化通用交互集成模拟软件，很好地实现了计算机模拟与可视化技术的有机集成，兼备高级模拟器易用性和专用模拟语言柔性的优点，并且还可与通用过程语言，如 VB，Fortran，C/C 等编写的程序连接运行。其主要特点如下：

（1）全面而细致的仿真报告。

ARENA 的数据报告足以详尽到允许用户研究仿真模型中的任何一个微小环节。仿真模型的仿真报告建模层次感强，模板和库资源丰富，包含大量的国内外论文和成熟的配套教材，如由仿真界权威专家 W. David Kelton 编写的《Simulation with ARENA》(第三版)，成为仿真教学的理想选择。

（2）专业的分析和优化功能。

输入分析器用来进行输入数据概率分布函数的拟合；过程分析器用于比较不同模型间具体参数或者同一模型中多次仿真中具体参数的值，并以各种图表的形式提供比较结果；输出分析器包括对输出数据的多样显示功能和强大的数理统计分析，以确保输出分析的准确性和可靠性；优化工具 OptQuest 采用 Tabu 搜索算法和遗传算法对仿真模型进行优化，大大增强了 ARENA 对复杂问题的决策支持。提供了将近 20 个模板和近 300 个封装好的逻辑模块，涵盖了多个领域，满足用户在各个层次建模的需要。

（3）学术性强。

ARENA 被称为最具学术性的可视化交互仿真软件。1983 年，专门针对仿真领域的柔性建模语言 SIMAN 问世；1993 年，美国著名的 Rockwell 公司在 SIMAN 语言的基础上推出 ARENA1.0 版本；2006 年，ARENA 推出 11.0 版本；同年，在美国冬季仿真会议上，48%的学术论文引用 ARENA。二十多年的研发历程和多位仿真界专家学者心血的凝聚，全面深入地体现系统仿真的有关理论，造就了今天 ARENA 具有的众多同类软件无法比拟的优势。

（4）分层建模。

ARENA 提供的分层建模工具（Submodel）允许用户的模型从宏观到微观分成若干层次，并通过端口来连接，大大提高了建模效率。此外，层次化的建模体系保证用户可以灵活地进行各个水平层次上的仿真建模。用户既可以使用最底层的语言（VB、C、C++等）进行复杂系统建模，也可以根据需要使用高级模板进行模型的开发，甚至可以开发出新的模板用作商业用途。模型报告的树形结构——ARENA 强大的数据收集统计功能允许用户研究模型任何一个微小的环节，与其他技术和系统资源进行了很好地整合。

（5）与 Microsoft Office 无缝整合。

ARENA 可以与 Microsoft Office 进行数据交换，极大地丰富了 ARENA 的输入输出形式。ARENA 还包含了与 Visio 的内部接口，可以使用 ARENA 提供的 Visio 过程模拟器建立模型的流程图，然后直接转化成 ARENA 的模型。AREAN 与 AutoCAD 和其他的图形设计软件有着直接的联系，支持 dxf 格式的文件，还支持对很多 AutoCAD 的新对象（LWPolyline、MLine 等）以及 xml 格式文件的读写。

（6）面向仿真过程的开发。

ARENA 基于面向对象的思想和结构化的建模概念，将专用仿真语言的灵活性和仿真器的易用性很好地融合到一起，直接面向实际业务流程构建仿真模型，符合常规的思维习惯，可以使用外部定制、内部定制以及混合定制来构建模型。ARENA 可应用在实时仿真和 HLA 联邦仿真中，通过使用 Real Time Factor，为用户处理实时仿真和同步仿真提供了强有力的支持，使 ARENA 可以应用到高层体系结构 HLA 联邦仿真及与更多模型的同步处理上。

（7）提供 VBA 接口，可以编程实现和其他任何支持定制技术的软件集成。

ARENA 也可以被其他开发环境调用（VB、VC 等）并控制整个仿真过程。提供"VBA Block"模块，该模块可用于构建仿真模型，而且包含事件接口，只要有实体经过该模块，就会触发其相应的事件，从而执行其中的特定代码。因此，用户可以在任何需要的地方加入"VBA Block"，以实现所需的定制目的。

（8）友好稳定。

使用 3D-Player 轻松地帮助用户在逻辑模型的基础上构建 3D 仿真动画。相对于其他仿真软件，ARENA 友好性还体现在数据输入、输出以及模型调试等方面。另外，由于 ARENA 软件很成熟，而且模型中不能直接使用指针，所以系统更加稳定。

以上特点使得 ARENA 可广泛地应用在包括制造业、物流及供应链、服务、医疗、军事、日常生产作业、各类资源的配置、业务过程的规划、系统性能和计划结果的评价、风险预测等方面的仿真。

4.4.10 软件功能对比

以上介绍的物流系统仿真软件都是市场上比较常见的，除此以外，常见的物流仿真软件还有 Stream、InControl、Supply Chain Guru、Classwarehouse、ExtendSim 等。这些仿真软件都具有虚拟现实、动态反映物流现实状况的特点，应用表现形式灵活多样，有些在某一国家或者某一领域得到了深入的应用，有些则应用比较广泛。

ARENA、ProModel、Witness 和 AutoMod 的模拟技术都开发自 20 世纪 80 年代中至 90 年代后期。AREAN，Witness，ProModel 都没有 3D 虚拟的技术，而 AutoMod 的 3D 虚拟技术只限于线框模型（Wireframe），非实质模拟技术。FlexSim 是一个完整的 3D 模拟软件，能真实地反映确实的情形，在 FlexSim 的 3D 虚拟中，用户可以使用鼠标（右点、左点和左右同时点）来放大、缩小和改变视像的角度，这一点在别的软件里是做不到的。

相对而言，AutoMod，Witness，Plant Simulation 等注重数据的统计分析，而忽略模型的可视性。虽然这些软件也带有 3D 显示功能，但是功能不强，而且该方面的功能模块过于昂贵，所以实际应用并不是很多。

除了 AREAN 和 Supply Chain Guru，其他都为三维软件，其中 FlexSim 和 RaLC 等有很好的面向对象性，Supply Chain Guru 是专门的供应链仿真软件，Classwarehouse 是专门的仓库仿真软件，AREAN 是一种管理系统模拟软件。

FlexSim 和 Supply Chain Guru 等仿真软件的资料、图像和结果都可以与其他的软件实现无缝连接，这是其他软件不能做到的。因此，FlexSim、Supply Chain Guru 等可以从 Excel 读取资料和输出资料（或任意 ODBC Database），可以从生产线上读取现时资料以作分析。FlexSim、Quest等也允许用户建立自己的模拟对象（Objects），所以一些跨国大公司，可以共用这些对象而无须重新建立。

大多数仿真软件在运行结束后可根据统计数据生成仿真报告，仿真报告以表格、直方图、饼状图等形式表示，显示了各个物流设备的利用率、空闲率、阻塞率等数据。用户可根据仿真报告提供的数据对物流系统的优缺点进行判断，做出科学决策。

选择仿真软件时，必须从分析功能、动画功能、操作容易性、售后服务等方面来对软件进行评价，根据企业使用仿真软件的目的不同，评价项目的侧重点不一样。如果仿真的目的是改善企业内部的业务，侧重点应该放在分析功能、售后服务等项目上；如果仿真的目的是做咨询工具，侧重点应该放在分析功能、动画功能等项目上；如果仿真的目的只是做演示工具，侧重点应该放在动画功能等项目上。

第5章

主要物流设备实训及应用实验

本章主要介绍一些基础实验,学生通过对智能仓库实验室中各种物流设备的观察、测量、操作等,熟悉并掌握各种物流设备的结构、工作原理、功能、适用对象和场景,并对各种设备之间的衔接和配合要求建立起直观的印象。本章的实验可结合物流设备的相关理论课程一起开设或者独立开设。由于每个实验室的具体设备不同,因此各实验室可根据自己的设备类型灵活开展实验。

5.1 托盘、料箱的认知与堆垛操作实验

1. 实验学时:4
2. 实验人数:每组 2~15
3. 实验设备:见表 5-1

表 5-1 实验设备

序号	设备名称	型号	台(套)数	备注
1	托盘	1200 mm × 1000 mm	1	
2	料箱	300 mm × 400 mm	12	
3	手动步行式叉车	—	1	
4	卷尺	5 m	3	

4. 实验主要耗材:无
5. 实验任务

(1)区分各种类型的托盘和料箱,包括材料、尺寸、构型特点等。

（2）了解料箱在托盘上的堆码要求和堆码方法。

（3）了解各种托盘的进叉方式与堆垛方式。

（4）了解托盘与货架、（巷道堆垛机、叉车等）货叉的匹配方式和要求。

（5）熟悉托盘货垛的稳固方式。

6. 实验步骤及要求

（1）用卷尺测量并记录料箱的尺寸，观察料箱的材料、构型，感受料箱的重量。

（2）观察料箱在货架上的摆放方式并尝试是否有其他摆放方式。

（3）观察托盘的材料、构型、叉孔的形式，用卷尺测量并记录托盘的尺寸，感受托盘的重量。

（4）观察托盘在货架上的摆放方式，托盘与货架间的空隙，托盘与货架横梁的位置关系，思考并尝试其他的摆放方式。

（5）动手尝试料箱在托盘上的摆放方式，并分析不同摆放方式的优缺点。

（6）思考并分析叉车叉取托盘的情形，试着用手动步行式叉车从各个方向叉取托盘。

（7）观察 RFID 标签在托盘上的位置，思考并分析如何对托盘进行跟踪。

7. 实验报告

（1）绘制料箱在货架上摆放的正视图（含一个货格），并标示出尺寸。

（2）绘制托盘底面的俯视图，并标示出尺寸。

（3）分析实验室托盘的结构特点并在此基础上分析其性能特点和对托盘、货架的要求。

（4）绘制托盘在货架上摆放的正视图（含一个货格），并标示出尺寸。

（5）绘制料箱在托盘上科学摆放方式的俯视图（只画出一层即可）。

（6）分析手动步行式叉车叉取和移动托盘的过程。

5.2 装卸搬运设备认知与工作实验

1. 实验学时：4
2. 实验人数：每组 2~15
3. 实验设备：见表 5-2

表 5-2 实验设备

序号	设备名称	型号	台（套）数	备注
1	平衡重式叉车	—	1	
2	手动步行式托盘搬运车	—	1	
3	手动步行式堆高机	—	1	
4	AGV	—	1	
5	卷尺	5 m	3	
6	计时器	—	1	

4. 实验主要耗材：无

5. 实验任务

（1）认识各种叉车的基本结构。

（2）了解各种叉车的工作原理。

（3）熟悉各种叉车的作业能力和适用范围。

（4）掌握叉车与托盘、货架、通道的匹配性。

（5）熟悉 AGV 的工作原理、搬运能力和工作方式。

6. 实验步骤及要求

（1）观察叉车的组成结构，熟悉各组成部分的主要功能。

（2）在静止状态下测量叉车的外形几何尺寸和各主要部分的尺寸，计算叉车的最小转弯半径，观察并测量叉车的运行速度、起升速度、起升高度等运行参数，并绘制叉车的性能参数表。

（3）实际操作实验室的手动步行式搬运车和手动步行式堆高机，完成叉取货物等不同类型的作业任务，进行性能对比分析。

（4）由专业人员操作平衡重式叉车对实验室的托盘分别从不同方向的进叉孔进行叉取，对比手动步行式搬运车和手动步行式堆高机，思考不同叉车对叉孔的要求。

（5）观察 AGV 的工作路径、移载方式和工作方式，观察 AGV 各部分的功能。

（6）测试 AGV 的运行速度和工作速度，测试 AGV 的障碍识别的准确性以及角度。

（7）观察并思考 AGV 与其他输送设备衔接时需要满足的条件。

（8）思考并分析实验室 AGV 存在的不足，可以替换成哪些类型的 AGV 更合适。

7. 实验报告

（1）绘制手动步行式叉车和电动平衡重式叉车的结构简图，并简要说明各组成部分的主要功能。

（2）总结说明叉车的主要技术性能参数内容，并根据实验测得的参数值绘制两种叉车的性能参数对比表，具体参数包括：载荷中心距、额定起重量、最大起升高度、最小转弯半径、堆垛通道最小宽度、叉车的最大高度和宽度、最小离地间隙。

注：平衡重式叉车堆垛通道最小宽度：叉车最小转弯半径+叉车前悬距（叉车前轮中心到叉车货叉前壁的距离）+叉车货叉（托盘）的长度+安全距离（一般 200 mm）。

（3）分析手动步行式搬运车和电动平衡重式叉车对托盘进行叉取时的不同之处，以及对托盘进叉孔的不同要求。

（4）平衡重式叉车作业时要求较宽的通道，分析可以通过对叉车做哪些改进来减小通道宽度。

（5）绘制实验室 AGV 的结构简图或者三视图，并简要说明各部分的主要功能。

（6）分析总结实验室 AGV 的工作路径、运行速度、搬运效率、移载方式和工作方式，AGV 的障碍识别情况及角度，以及 AGV 与其他输送设备衔接时需满足的条件。

（7）鉴于现有 AGV 工作情况不理想，在不改变其他设备的情况下，可以用哪种 AGV 或者料箱搬运机器人来代替现有的 AGV？请给出你找到的替代设备的图片并解释原因。

5.3 托盘自动化立体仓库认知与操控实验

1. 实验学时：4
2. 实验人数：每组 2~15
3. 实验设备：见表 5-3

表 5-3 实验设备

序号	设备名称	型号	台（套）数	备注
1	托盘货架	—	2	
2	托盘有轨巷道堆垛机	—	1	
3	仓储管理系统 WMS	—	1	
4	仓库控制系统 WCS	—	1	
5	卷尺	5 m	3	
6	计时器	—	1	

4. 实验主要耗材：无
5. 实验任务

（1）熟悉托盘自动化立体仓库的构成、要求，以及各设备的功能。

（2）掌握托盘自动化立体仓库的作用、效率、适用范围。

（3）了解不同货架的构型、尺寸。

（4）了解货位的布局、编码方式。

（5）了解搬运设备与托盘、货架的匹配以及货架与托盘的匹配。

（6）熟悉托盘有轨巷道堆垛机的构成、性能和工作原理。

（7）了解自动化立体仓库与输送设备的功能衔接方式。

（8）通过 WMS 了解货物存储货位的安排、货物与货位的对应等。

（9）操作 WMS 学习出入库的运作过程和方式。

6. 实验步骤及要求

（1）观察托盘自动化立体仓库的构成，观察各设备的位置和功能。

（2）观察托盘货架的高度、层数，操作 WMS，找到货架的编码方式（如 WH030300101，第一个 03 指的是料箱库，02 指的是托盘库；第二个 03 指的是第三排；001 指的是第一个货位；01 指的是第一层）。

（3）在老师的指导下执行一次 WCS 堆垛机手动任务：召回→取货→放货作业，观察托盘巷道堆垛机的工作方式及与货架、托盘的匹配要求，绘制托盘巷道堆垛机的结构简图并指出各部分的主要功能。

（4）观察并测算托盘巷道堆垛机的运行速度、升降速度，以及存取托盘的速度。

（5）观察托盘自动化立体仓库的出入库输送设备有哪些，以及托盘巷道堆垛机与出入库输送设备的衔接方式。

7. 实验报告

（1）分析实验室托盘自动化立体仓库存储系统的构成和各种设备的作用，以及各种设备之间的功能衔接。

（2）绘制托盘巷道堆垛机的结构简图，在图中指出各主要构成部分，并分析各部分的主要功能。

（3）绘制托盘巷道堆垛机取物装置的结构简图。

（4）绘制出托盘自动化立体仓库的主要参数表，包含货架高度、层数、巷道宽度、堆垛机的运行速度、升降速度及存取托盘的速度。

（5）结合实验室货架的编码方式，以及常用的货架编码方式，分析是否可以采用更合理的编码方式。

（6）分析托盘自动化立体仓库中的巷道堆垛机可以用哪种或哪几种设备来代替？如果替换的话需要对现有仓库设备做出哪些调整？分析替代设备如何实现货物的自动化出入库需求，并给出替代设备的图片。

5.4 料箱自动化立体仓库认知与操控实验

1. 实验学时：4
2. 实验人数：每组 2~15
3. 实验设备：见表 5-4

表 5-4 实验设备

序号	设备名称	型号	台（套）数	备注
1	料箱货架	—	4	
2	料箱有轨巷道堆垛机	—	2	
3	仓储管理系统 WMS	—	1	
4	仓库控制系统 WCS	—	1	
5	卷尺	5 m	3	
6	计时器		1	

4. 实验主要耗材：无
5. 实验任务

（1）熟悉料箱自动化立体仓库的构成、要求，以及各设备的功能。

（2）掌握料箱自动化立体仓库的作用、效率和适用范围。

（3）了解不同货架的构型、尺寸。

（4）了解货位的布局、编码方式。

（5）了解料箱有轨巷道堆垛机的构成、性能和工作原理。

（6）对比托盘自动化仓库与料箱自动化仓库在结构、功能等方面的不同。

（7）了解料箱自动化立体仓库与其他料箱输送设备的衔接。

（8）通过 WMS 了解货物存储货位的安排、货物与货位的对应等。

（9）操作 WMS 了解出入库的运作。

6. 实验步骤及要求

（1）观察料箱自动化立体仓库的构成、各设备的位置和功能。

（2）观察料箱货架的高度、层数、货架的布置方式等。

（3）观察料箱巷道堆垛机的工作方式及对货架、料箱的匹配要求，观察料箱堆垛机各部分的主要功能。

（4）执行 WMS 堆垛机空料箱入库作业或者出库→入库作业，测算料箱巷道堆垛机的运行速度、升降速度及存取料箱的速度。

（5）观察料箱自动化立体仓库的出入库输送设备有哪些，以及料箱巷道堆垛机与出入库输送设备的衔接方式。

（6）比较托盘自动化立体仓库与料箱自动化立体仓库的区别。

7. 实验报告

（1）分析实验室料箱自动化立体仓库存储系统的构成和各种设备的作用，以及各种设备之间的功能衔接。

（2）绘制料箱巷道堆垛机的结构简图，在图中指出各主要构成部分，并分析各构成部分的功能。

（3）绘制料箱巷道堆垛机取物装置的结构简图。

（4）制出料箱自动化立体仓库的主要参数表：货架高度、层数，巷道宽度，堆垛机的运行速度、升降速度，及存取料箱的速度。

（5）结合实验分析托盘自动化立体仓库和料箱自动化立体仓库的作业特点和适用范围有什么不同。

（6）分析料箱自动化立体仓库中的巷道堆垛机可以用哪种或哪几种设备来代替？如果替换的话需要对现有仓库设备做出哪些调整？分析替代设备如何实现货物的自动化出入库需求，并给出替代设备的图片。

5.5 物流输送设备认知与控制实验

1. 实验学时：4
2. 实验人数：每组 2~15
3. 实验设备：见表 5-5

表 5-5 实验设备

序号	设备名称	型号	台（套）数	备注
1	料箱用辊子循环输送装置	—	1	
2	料箱带式输送机系统	—	1	
3	托盘输送系统	—	1	
4	单工位料箱升降机	—	1	
5	双工位料箱升降机	—	1	
6	仓储管理系统 WMS	—	1	
7	卷尺	5 m	3	
8	计时器	—	1	

4. 实验主要耗材：无

5. 实验任务

（1）认识不同输送设备，了解料箱辊子输送机和托盘辊子输送机的区别。

（2）了解各种输送设备的适用范围和功能区别。

（3）掌握各种辊子输送机的工作原理、驱动方式、传动方式。

（4）掌握不同辊子输送机的主要工作部件的尺寸与货物尺寸的关系。

（5）了解各输送设备之间的衔接以及构成的输送系统和分拣系统。

（6）了解输送系统的控制方式和原理。

6. 实验步骤及要求

（1）对比观察料箱辊子输送机和托盘辊子输送机的类型、结构、工作原理。

（2）测算两种辊子输送机的辊子直径、辊子宽度等参数，分析这些参数与输送物品的尺寸的关系。

（3）测算两种辊子输送机的辊子转速、输送速度等参数。

（4）观察无动力式辊子输送机与动力式辊子输送机的区别。

（5）观察各输送机转向设备的工作原理及转向方式。

（6）观察双工位料箱垂直升降机和单工位料箱垂直升降机的结构、工作原理。

（7）测算两种升降机的占地尺寸、托板尺寸等参数，分析这些参数与输送物料尺寸的关系。

（8）测算两种升降机的升降高度、输送速度等参数。

7. 实验报告

（1）制作料箱辊子输送机、托盘辊子输送机和托盘链式输送机的主要参数对比表（至少包括机身宽度、输送面宽度、辊子直径、辊子转速、输送速度、载荷等），并分析各自的驱动方式和传动方式。

（2）分析无动力式辊子输送机与动力式辊子输送机在结构、原理与使用范围上的区别。

（3）分析带式输送机的工作原理、驱动方式和传动方式。

（4）分析实验室使用带式输送机的各处为什么不使用辊子输送机。

（5）分析链式输送机的工作原理、驱动方式和传动方式。

（6）绘制各输送机转向设备（麦克纳姆轮、全向轮、锥形滚筒、顶升式滚筒）的结构简图并说明其转向原理。

（7）制作各升降机的主要参数表，至少包括占地尺寸、载货台尺寸、提升速度、输送效率、载荷等，分析升降机的工作原理。

（8）分析辊子输送机、带式输送机、升降机的输送速度是否协调，哪个设备的速度拖累了系统的整体速度？可以将之替换成哪种具有相同功能的设备呢？请分析原因并给出设备图片（可从网络搜索）。

5.6 自动分拣系统应用实验

1. 实验学时：4
2. 实验人数：每组 2~15
3. 实验设备：见表 5-6

表 5-6 实验设备

序号	设备名称	型号	台（套）数	备注
1	滑块分拣机	—	1	
2	料箱用辊子循环输送装置	—	1	
3	仓储管理系统 WMS	—	1	
4	卷尺	5 m	3	
5	计时器	—	1	

4. 实验主要耗材：无
5. 实验任务

（1）理解自动分拣系统的构成、分拣流程及系统各部分的功能。

（2）了解滑块分拣机的工作原理、工作速度和适用范围。

（3）了解滑块分拣系统的基本构成。

（4）掌握滑块分拣系统的基本性能参数。

（5）通过操作系统了解自动分拣系统的分拣方式，将之与人工借助条码扫描分拣及其他自动分拣方式（如横移皮带式、翻盘式分拣机）进行对比。

6. 实验步骤及要求

（1）观察滑块分拣机的结构、工作原理。

（2）测算滑块分拣机分拣每个料箱需要的滑块数量，分析滑块数量与料箱尺寸的关系。

（3）测试分拣对象外形尺寸、重量对滑块分拣机的影响。

（4）测算滑块分拣机的运行速度和分拣速度参数，分析影响滑块分拣系统分拣效率的主要因素。

（5）分析滑块分拣机的适用范围，分析滑块分拣机与其他常用分拣方式的区别。

7. 实验报告

（1）制作滑块分拣机的主要参数表，包括宽度、高度、滑块尺寸、运行速度、分拣速度等。

（2）绘制滑块分拣系统的结构简图，在图中指出各主要部分，并说明各部分的主要功能。

（3）分析滑块数量与料箱尺寸的关系。

（4）总结分析滑块分拣系统的工作原理与适用范围，并分析影响滑块分拣系统分拣效率的主要因素。

（5）实验室现有的转向设备（麦克纳姆轮、全向轮、锥形滚筒、顶升式滚筒），是否可以通过在滑块分拣机位置安装这些设备来实现分拣功能？如果可以的话要如何实现？

（6）在实验室环境下，要实现同样的功能，滑块分拣机可以替换成哪些设备？并分析如何实现需要的分拣功能。

5.7 流通加工设备认知与操作实验

1. 实验学时：4
2. 实验人数：每组 2~15
3. 实验设备：见表 5-7

表 5-7　实验设备

序号	设备名称	型号	台（套）数	备注
1	托盘	1200 mm × 1000 mm	18 个	
2	条码打印机	—	1	
3	条码读取设备	—	1	
4	拆垛/码垛机械手	—	2	
5	裹包机	—	1	
6	WMS	—	1	
7	计时器	—	1	

4. 实验主要耗材：见表 5-8

表 5-8 实验主要耗材

耗材名称	备注
条码打印纸	

5. 实验任务

（1）条码打印机与条码识别设备的认知与操作。

（2）了解拆码垛机器人的工作原理、基本构成。

（3）了解拆码垛机器人的工作能力。

（4）了解拆码垛机器人各种机械抓手的不同作用。

6. 实验步骤及要求

（1）操作 WMS 分别进行手动入库和自动入库，观察扫描枪和识读器识别条码的区别。

（2）观察条码打印机的工作方式。

（3）观察拆码垛机器人的工作方式、工作原理、基本结构。

（4）测算拆码垛机器人的堆码垛方式和堆垛、拆垛速度等参数。

（5）观察裹包机的工作方式、工作原理和基本结构。

7. 实验报告

（1）分析条码扫描枪和固定式条码识读器识别条码的区别。

（2）绘制库卡拆码垛机器人的结构简图，在图中指出各主要部分及各个轴的位置，并分析各部分的主要功能。

（3）分析库卡机器人与雄鹰机器人的区别，包括结构、工作方式、工作速度、自由度。

（4）对比制作库卡机器人和雄鹰机器人的主要参数表。

（5）以实验室的库卡机器人为例，除了实现现有的堆码垛功能以外，还能实现哪些物品的搬运、堆码、拣选功能？分别应该配备什么样的取物装置（抓手、夹具、吸盘等）？并给出这些取物装置的示例图（可以从网上搜索）。

（6）分析自动裹包机的工作方式。

5.8 物流系统集成和物流信息设备认知与操作实验

1. 实验学时：4

2. 实验人数：每组 2～15

3. 实验设备：见表 5-9

表 5-9 实验设备

序号	设备名称	型号	台（套）数	备注
1	RFID 读写器	—	1	
2	自动分拣与智能堆垛系统	—	1	
3	各种光电感应器	—	若干	

4. 实验主要耗材：无

5. 实验任务

（1）了解物流中心入库、上架、分拣、出库的工作流程。

（2）了解各流程之间衔接对物流设备的基本要求。

（3）了解物流中心半自动演示的物流流程。

（4）了解物流中心全自动演示的物流流程。

（5）熟悉光电识别、条码识别、RFID 识别设备的作用、工作原理。

6. 实验步骤及要求

（1）观察物流中心入库、分拣、出库的工作流程及涉及的物流设备。

（2）观察物流中心全自动演示的物流流程及涉及的物流设备。

（3）观察光电感应设备、条码识读、RFID 识别设备的工作方式和作用。

（4）分析实验室的物流系统中哪些设备是物流作业的瓶颈，并分析如何解决。

7. 实验报告

（1）分析光电感应、条码识别、RFID 识别设备的作用、工作原理、在实验室物流系统中的位置及原因。

（2）实验室的条码扫描设备有扫不上的情况，分析其产生的原因，总结说明选择条码扫描设备应该考虑的主要性能参数有哪些。

（3）现在实验室的固定式条码识别设备有什么缺点？如果换成 RFID 识别，该怎么做？

（4）绘制物流中心的料箱出库→入（料箱）库的闭环工作流程图并标注出各环节使用的设备。

（5）绘制料箱出库→分拣→托盘入库的工作流程图并标注各环节使用的设备。

（6）综合比较分析实验室的物流系统中各设备的速度及配合情况，指出哪个设备是系统的瓶颈，分析如何解决。

第6章 库存控制与仓储管理虚拟仿真实验

库存控制与仓储管理虚拟仿真实验是依托西南交通大学自动堆垛与智能分拣实验室的真实场景开发的虚拟仿真实验。该实验总共包含 6 个实验模块，实验者可根据老师指导或者自己掌握实验节奏，一次完成一个或多个实验模块，然后在线完成实验报告，最后通过实验平台提交实验报告。

6.1 虚拟仿真实验模块

6.1.1 模块一：登录并进入库存管理与自动化存储仿真实验系统

实验者可访问西南交通大学开放式虚拟仿真实验教学管理平台网站（http://swjtu.rofall.net/virexp/kcgl）并登录，进入库存管理与自动化仓储虚拟仿真实验教学平台，如图 6-1 和图 6-2 所示。

图 6-1　开放式虚拟仿真实验教学管理平台

图 6-2 虚拟仿真实验教学平台

实验者也可通过访问国家虚拟仿真实验教学课程共享平台网站（https://www.ilab-x.com/）并登录，搜索并找到"库存管理与自动化仓储虚拟仿真实验"，如图 6-3 所示。

图 6-3 国家虚拟仿真教学课程共享平台中的对应实验系统网页

进入实验台，点击"开始实验"，进入库存管理与自动化仓储虚拟仿真实验系统，如图 6-4 所示。

图 6-4 库存管理与自动化仓储虚拟仿真实验系统界面

6.1.2 模块二：自动化仓储系统与设备认知

如图 6-5 所示，鼠标移到全屏幕下方，点击"系统与设备认知"按钮，在屏幕左侧点击"系统认知"按钮；分别点击"滑块分拣""料箱自动化""托盘自动化""机械手""辊子输送""管理控制"等按钮，根据系统提示了解各系统的功能与作业方式。

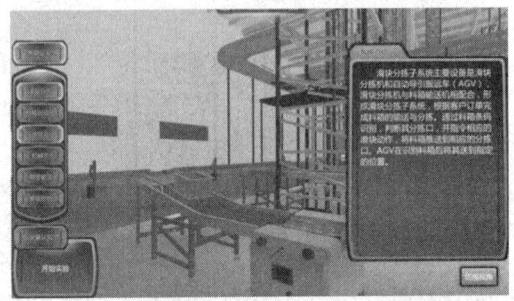

（a）滑块分拣系统认知

（b）料箱自动化系统认知

（c）托盘自动化系统认知

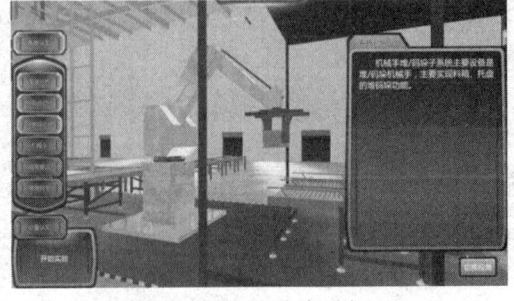

（d）机械手系统认知

（e）辊子输送系统认知

（f）管理控制系统认知

图 6-5　系统认知

如图 6-6 所示，在屏幕左侧点击"设备认知"按钮；分别点击"滑块分拣机""料箱自动化立体仓库""托盘自动化立体仓库""辊子输送装置""机械手拆码垛装置""AGV 小车"等按钮，根据系统提示了解各系统的功能与作业方式。

图 6-6　设备认知

在各设备认知中，通过鼠标左键拖动，在不同视角下观察并了解不同设备的形式与功能，如图 6-7 和图 6-8 所示。

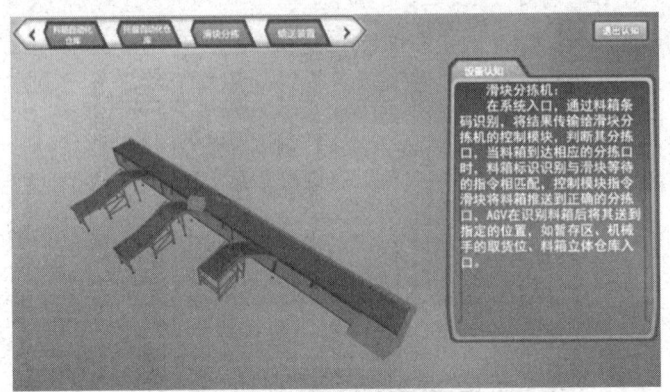

图 6-7　滑块分拣装置认知

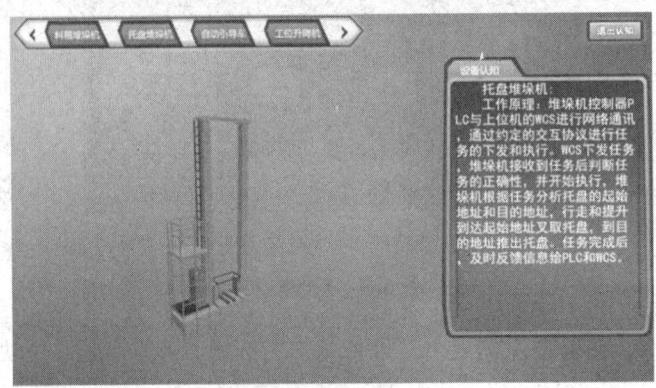

图 6-8　托盘堆垛机设备认知

6.1.3　模块三：自动化仓储系统布局

点击屏幕下方导航栏"仓储系统布局"按钮，进入仓储系统布局子系统。点击右侧"布局图"按钮，查看自动化仓库的平面布局图，如图 6-9 所示。

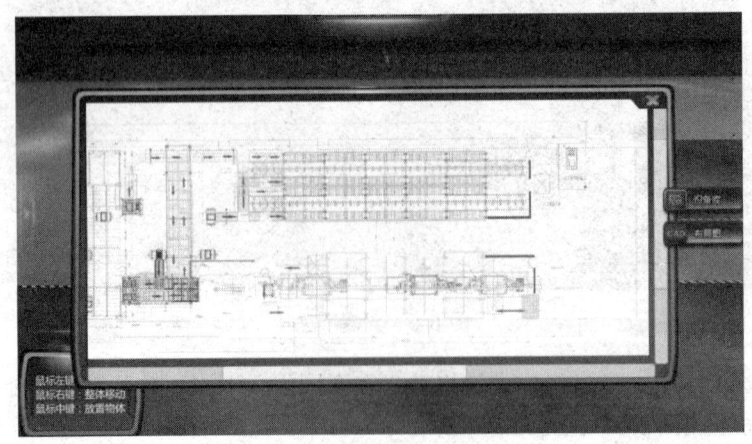

图 6-9　自动化仓库平面布局图

点击右侧"设备库"按钮,弹出右侧设备导航栏;选择导航栏中的设备名称,根据平面布局图,将设备放置至仓库内的相应位置,如图 6-10 所示。

图 6-10 设备布置

6.1.4 模块四:自动化仓储作业流程及库存管理

点击屏幕下方导航栏"商品采购",再点击左侧导航栏"查看库存",系统自动转到料箱存储货架,进行库存检查,如图 6-11 所示。在后续实验过程中,实时库存是重要的实验基础数据,可通过点击右侧导航栏"现有库存"进行查看。

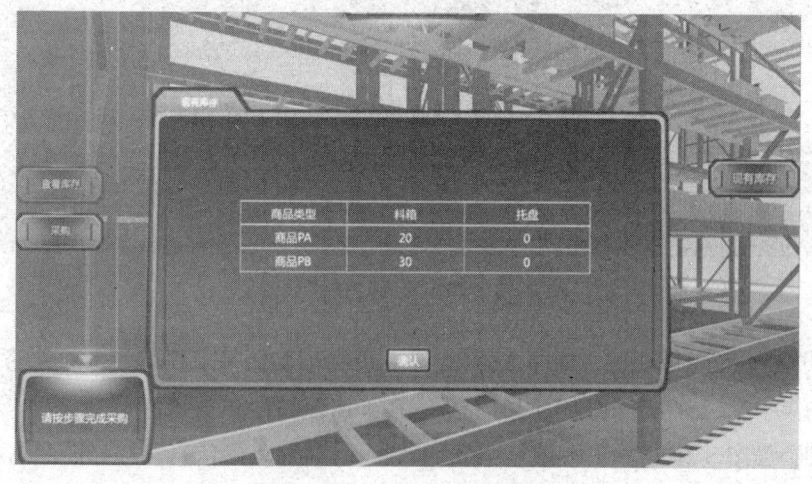

图 6-11 采购前查看库存

点击屏幕左侧导航栏"采购",在弹出窗口中根据提示内容,依据正确的 EOQ 公式,选择商品 PA 和 PB 的采购量,如图 6-12 和图 6-13 所示。

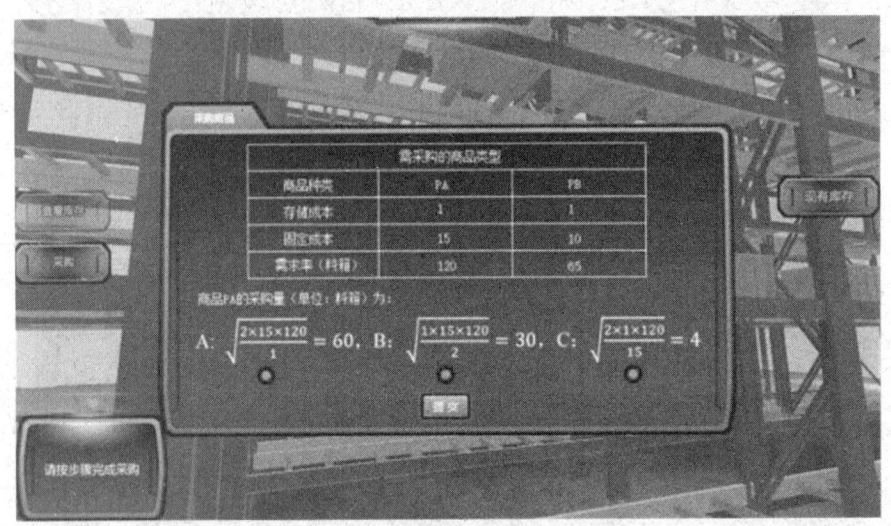

图 6-12 确定商品 PA 采购量

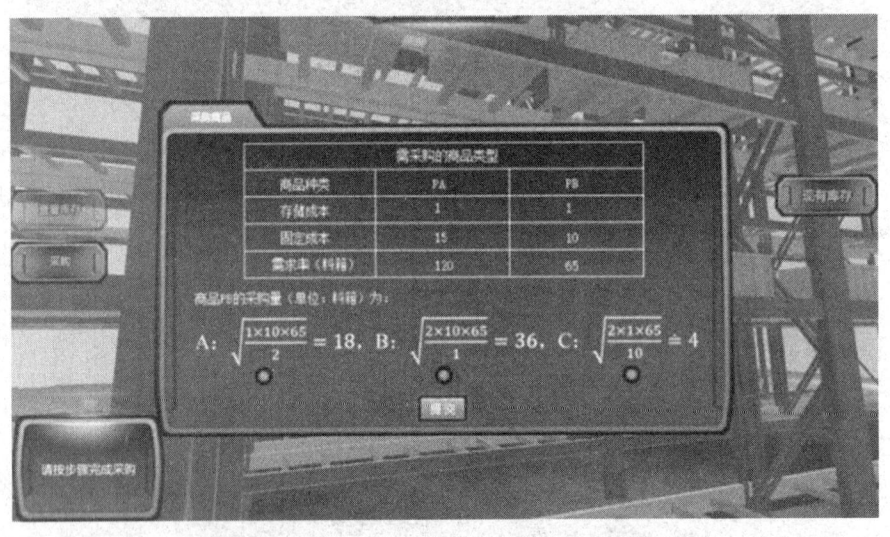

图 6-13 确定商品 PB 采购量

  点击屏幕下方导航栏的"商品入库",再点击屏幕左侧导航栏的"入库策略"并仔细阅读。点击左侧导航栏的"添加商品信息",在弹出窗口中根据入库策略填写"新增商品入库凭证",如图 6-14 所示。在填写中利用"+"号增加入库信息,选择商品名称及对应的入库类型、商品数量和是否使用机械手。

  上一步完成后,左侧导航栏增加"机械手设置"按钮,点击后,根据商品 PA 的托盘装载料箱数量,思考并选择机械手操作的垛型,如图 6-15 所示;根据入库作业要求,思考并选择机械手作业方式,如图 6-16 所示。

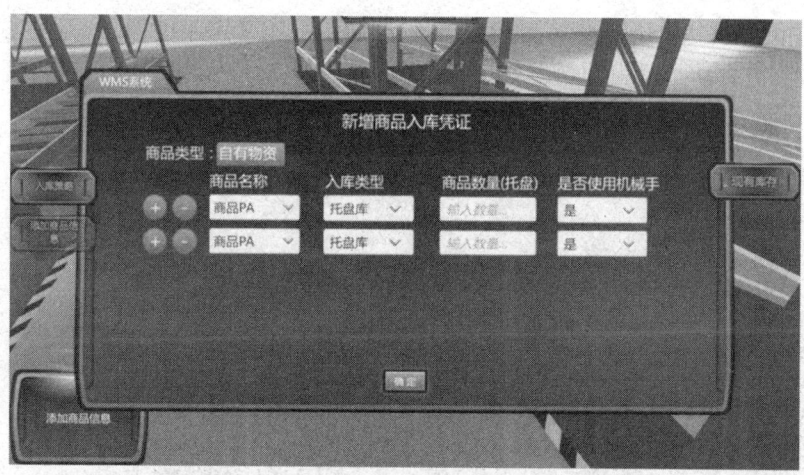

图 6-14　新增商品入库凭证填写

图 6-15　机械手操作垛型选择

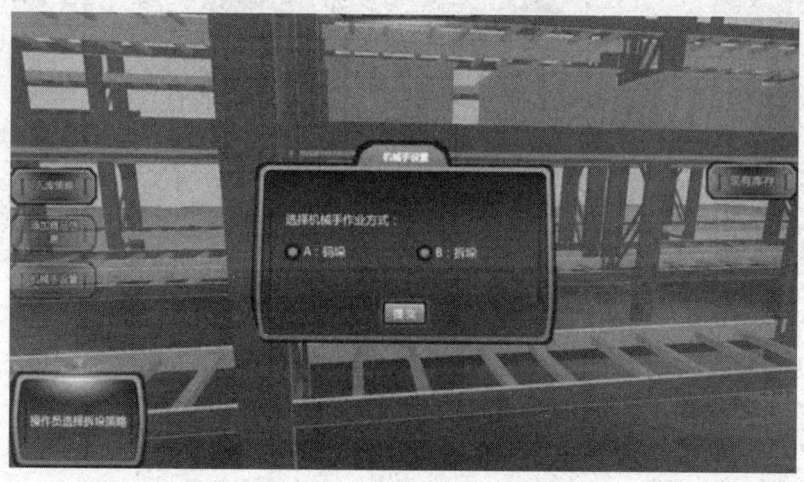

图 6-16　机械手作业方式选择

点击左侧导航栏"开始入库"按钮，系统自动运行入库作业过程，可通过右下角"播放倍速"加快仿真动画过程，如图 6-17 所示。入库作业完成后，系统显示更新后的库存，如图 6-18 所示；也可通过点击右侧导航栏"现有库存"查看实时库存量。

图 6-17 入库作业仿真动画

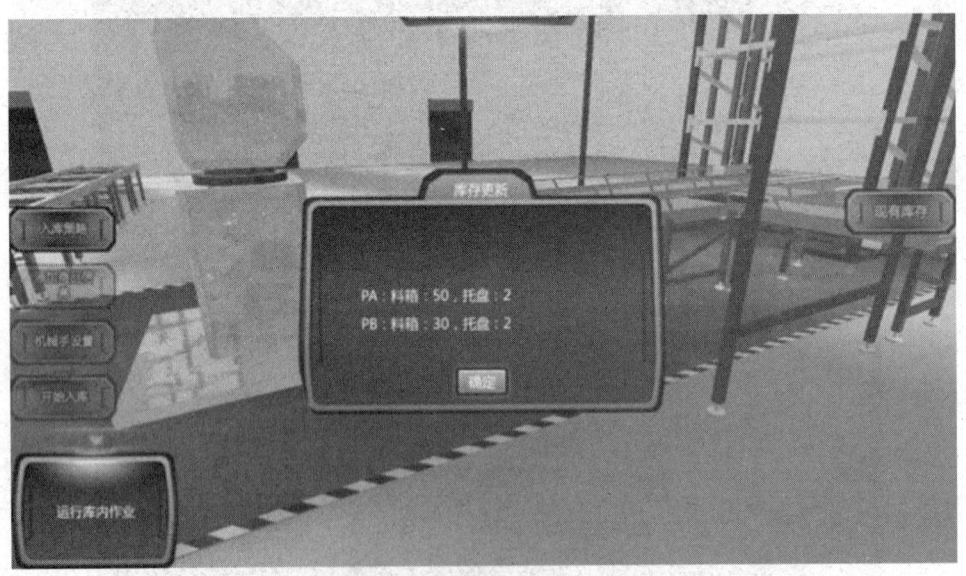

图 6-18 入库作业后库存更新

点击下方导航栏"库内作业"按钮，再点击左侧导航栏"订单到达"，弹出窗口显示两种出库需求，分别为"情形一"和"情形二"，如图 6-19 所示。仔细阅读两种情形依据 PA 和 PB 的不同目的地的实际需求，自行选择其中一种情形，并完成后续实验（后续步骤以"情形一"为例）。

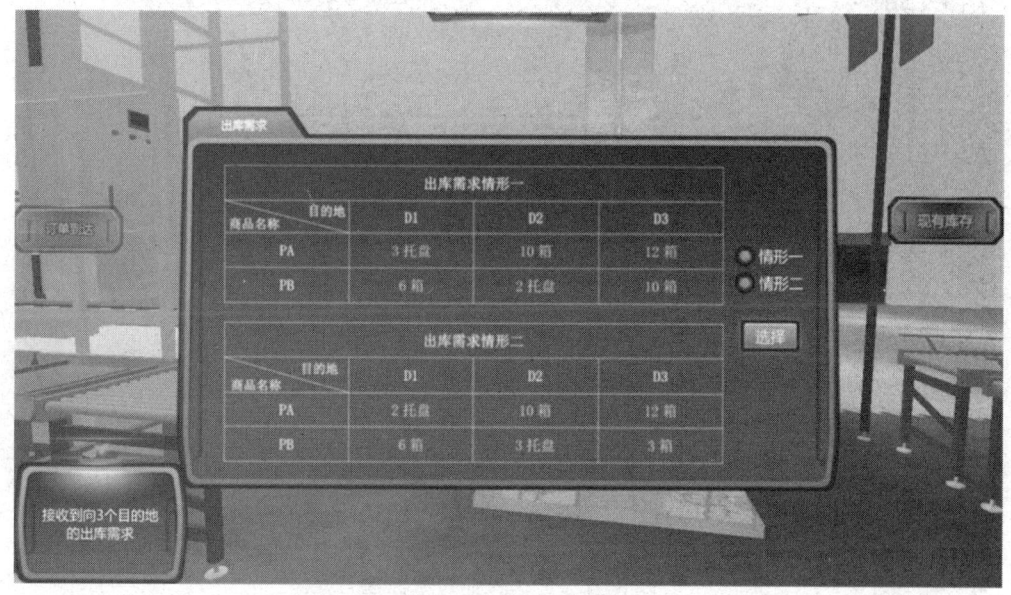

图 6-19 订单需求（两种情形）

根据订单需求和实时库存，现有库存不能直接满足出库需求，故需进行库内作业。根据订单需求和实时库存的差异，在弹出的窗口（见图 6-20）中填入商品 PA 和 PB 从料箱库到托盘库的倒库数量。

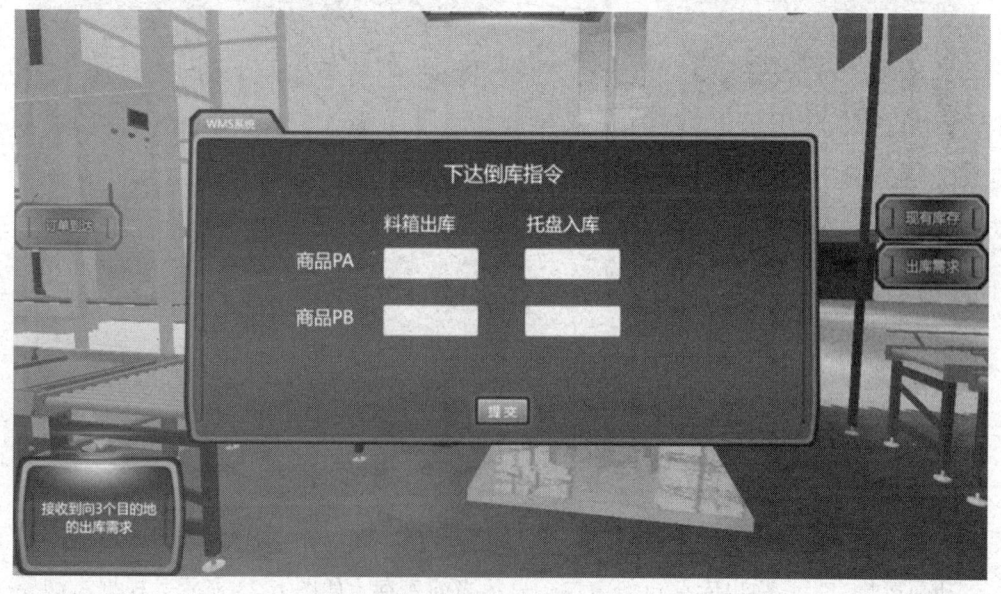

图 6-20 倒库指令填写与下达

点击左侧导航栏"垛型管理"按钮，根据商品 PA 和 PB 的组盘策略，选择垛型平面模式，如图 6-21 所示；根据托盘入库作业要求，思考并选择机械手作业方式。

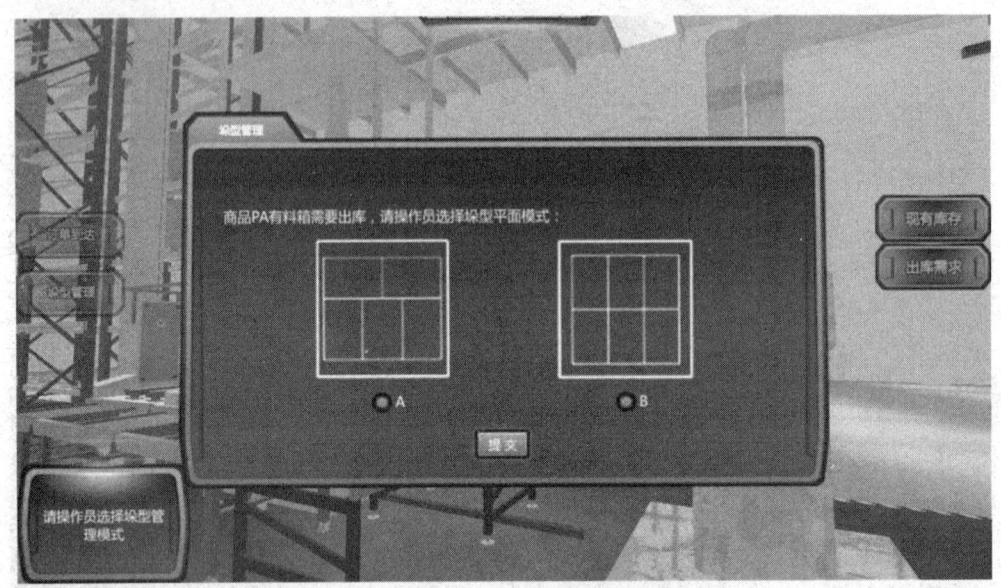

图 6-21 库内作业垛型选择

提交后系统自动运行库内倒库作业仿真动画,可利用键盘快捷键选择不同视角观看,如图 6-22 所示。

图 6-22 库内作业仿真动画

动画运行完后,弹出库存更新窗口,显示当前库存,如图 6-23 所示。根据右侧导航栏"出库需求"进行判断更新后的库存是否满足出库需求,若满足,点击"是",不满足,点击"否",返回库内作业步骤(见图 6-20)。注意:若库内作业步骤的倒库指令输入错误,则运行到此步骤步时,系统会给出提示,需返回库内作业步骤再次进行实验。

图 6-23　库内作业完成后库存更新

点击下方导航栏"出库配送",系统自动运行仿真出库作业的动画(见图 6-24),可利用键盘快捷键选择不同视角观看。

图 6-24　出库配送仿真动画

上述步骤完成后,系统会弹出窗口显示实验过程中操作行为的正确率和各模块实验耗时,如图 6-25 所示。

145

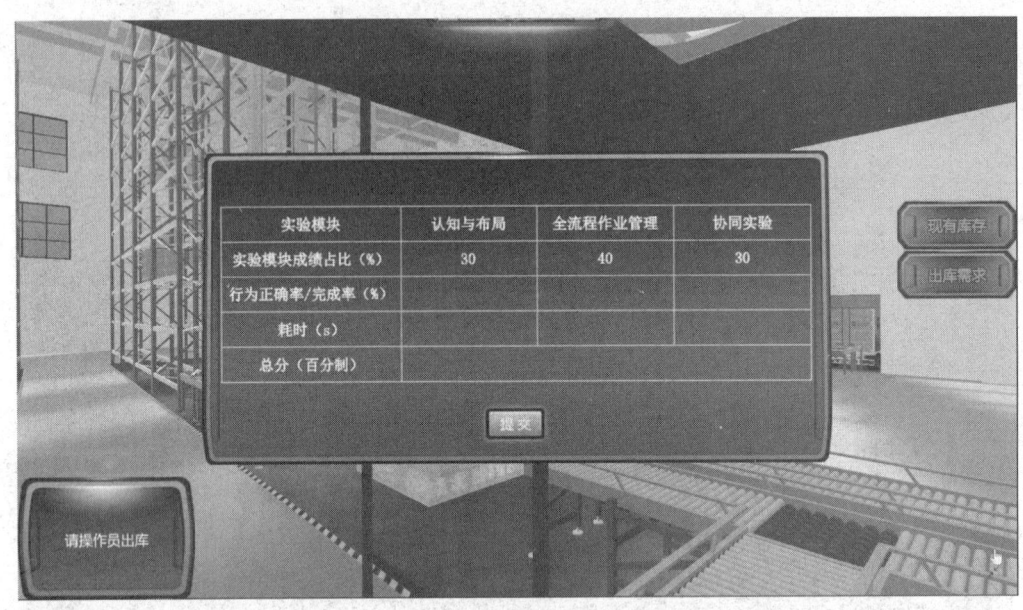

图 6-25　实验成绩

6.1.5　模块五：协同实验

点击下方导航栏的"协同实验"按钮，输入姓名和学号，点击确定，如图 6-26 所示。

图 6-26　协同实验登录

进入协同实验子系统后，根据各实训室的人员数量和空闲角色，选择实训室和角色，与其他同学合作分饰不同角色共同完成实验，如图 6-27 所示。

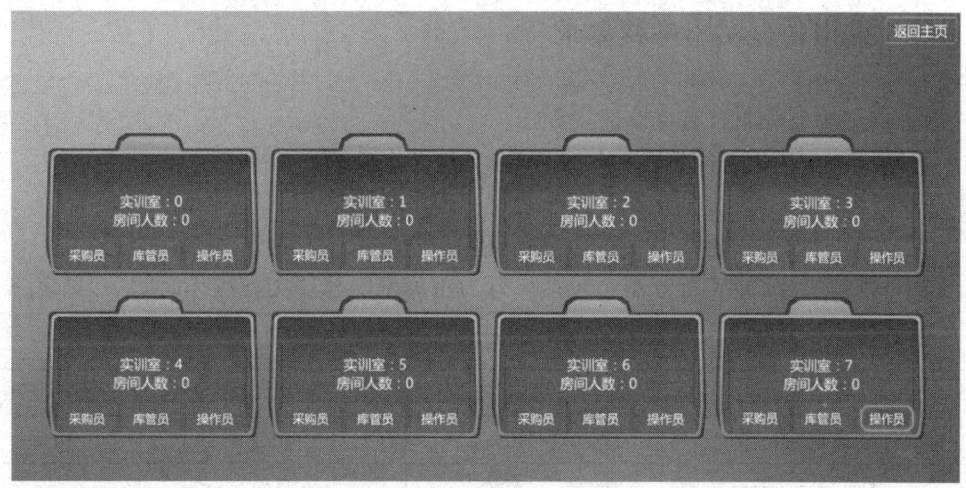

图 6-27 协同实验房间选择

6.1.6 模块六：提交实验报告

实验结束后，根据实验要求撰写实验报告并提交，如图 6-28 所示。

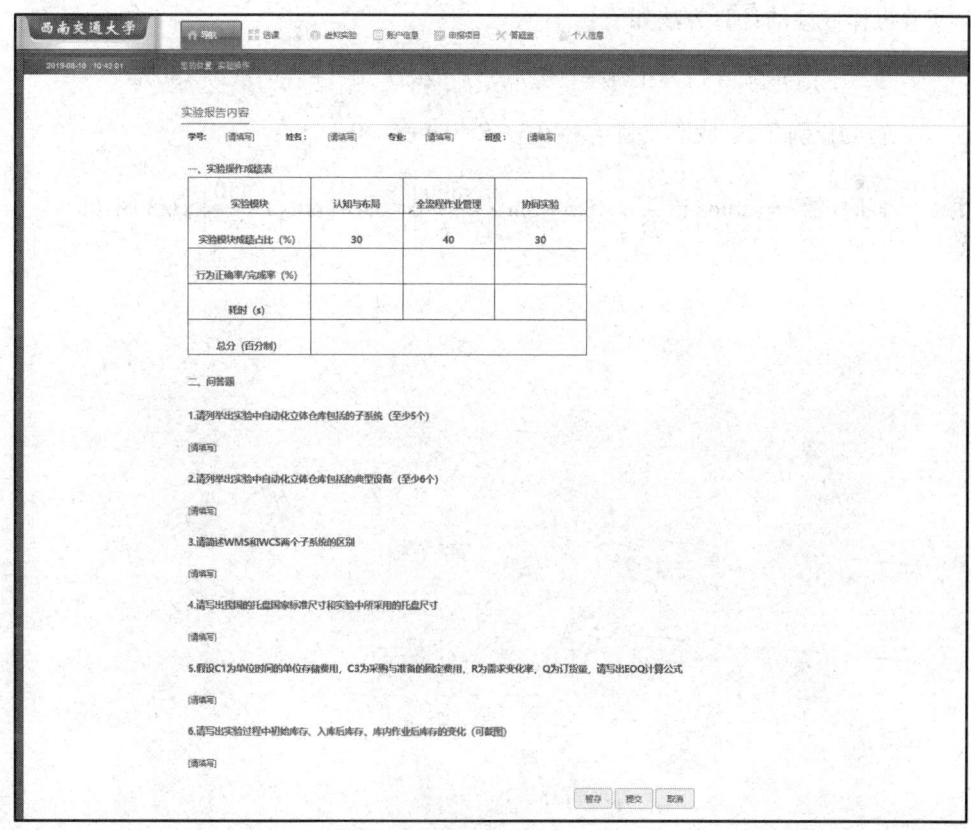

图 6-28 提交实验报告

6.2 虚拟仿真实验考核要求

总评成绩为百分制，其计算公式如下：
总评成绩=实验报告问答题成绩×60%+实验操作成绩×40%
其中，
（1）实验报告问答题共 10 小题，每小题 10 分，共计 100 分。
（2）实验操作成绩（百分制）包括"行为正确率"和"实验操作时间"，见表 6-1。

表 6-1 虚拟仿真实验成绩构成及要求

实验模块	认知与布局	全流程作业管理	协同实验
实验模块成绩占比	30%	40%	30%
行为正确率/完成率	A%	B%	C%
耗时/s	D	E	F
总分			

注："全流程作业管理"与"协同实验"统计行为正确率，"认知与布局"统计完成率。完成率含：认知部分，学生点击的系统和设备占总数的比例；布局部分，学生布置的设备数量占总数的比例。

实验操作成绩的计算方法如下：

实验操作成绩＝行为正确率（完成率）成绩×70%＋耗时成绩×30%

行为正确率/完成率成绩＝$A\times0.3+B\times0.4+C\times0.3$

耗时成绩＝$\left(\min\left\{1,\dfrac{350}{D}\right\}\times0.3+\min\left\{1,\dfrac{500}{E}\right\}\times0.4+\min\left\{1,\dfrac{450}{F}\right\}\times0.3\right)\times100$

第7章

基于仿真的智能仓库设备升级实验

本章的实验是在学生能较为熟练地应用 Flexsim 或者 AnyLogic 仿真软件的基础上，建立实体实验室的虚拟仿真模型，通过仿真运行发现系统中的瓶颈设备或效率低下、能力不足的设备，然后将之升级成效率更高或能力更强的设备，并对比升级前后系统的效率或能力变化。本章的实验工作量大，要求较高，可作为选做实验、课程设计甚至毕业设计来开设。

本章的实验可以选择用 Flexsim、AnyLogic 或其他具有相关功能的物流仿真软件之一来完成。因为篇幅的限制，本章只以 AnyLogic 为例来介绍实验室的仿真及设备升级仿真。

7.1 实验室仿真模型建立实验

7.1.1 基于 AnyLogic 的实验室仿真步骤

自动堆垛与智能分拣实验室的仿真是一种基于离散事件仿真，步骤如图 7-1 所示。

1. 分析已有实验室数据对模型进行假设

通过确定仿真目标进行假设，仿真目标是对实验室中的各个设备做出分析，明确各设备的利用率，然后基于创新性、快速性进行设备的拓展。对实验室设备更新后的物流系统做出分析和研究，分析和比较设备更换前与设备更换后的实验室物流系统效率。为满足仿真需求，需要收集和假设的数据包括：AGV 的运输速度、辊子输送机速度、升降机速度、机械手速度、堆垛机速度等。通过数据收集核对模型的假设，能够更加清晰地建立模型的结构。

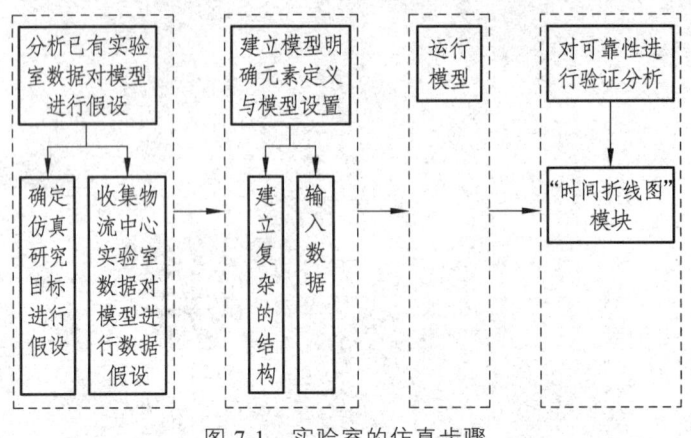

图 7-1　实验室的仿真步骤

2. 建立模型，明确元素定义与模型设置

为了仿真模型拥有较高真实性，仿真模型需要复杂的结构，而后还需要输入大量的真实数据。根据现实收集的资料与数据，将实验室中物流系统的作业流程展现出来。

3. 运行模型

设置仿真时间，让模型运行一定的工作时间。

4. 对仿真输出结果进行分析

统计分析模型运行时的参数和变量，然后把分析模块中"时间折线图"模块添加到模型中，分析仿真模型结果，进而了解物流中心实验室中各个设备的利用率和相互之间的对比，可以了解分析物流中心实验室各个设备便于后面的拓展。

7.1.2　数据来源及模型假设

1. 数据来源

本次仿真需要收集的数据/资料见表 7-1，表中所列数据主要说明所需仿真建模元素的属性参数设置，具体有：物流实验室的整体布局、实验室作业流程、货架类别、货架容量、主要设备数据、主要设备运作速率等。这些数据信息不仅为模型中的实体提供了具体的参数，而且将用于字模型进行验证时实际数据与仿真数据的比较。

表 7-1　自动堆垛与智能分拣实验室仿真所需数据说明

数据名称	数据单位	功能说明
料箱货物到达	以 1 个料箱为 1 单位	模型的输入
托盘货体到达	以 18 个料箱 1 托盘为 1 单位	模型的输入
货物到达速率	模型时间单位	输入设置
运作流程	—	确定建模元素

续表

数据名称	数据单位	功能说明
货架类别	料箱货架/托盘货架	确定货架形式
货架容量	料箱、托盘货体	
主要设备数据	长（m）×宽（m）×高（m）	确定设备大小
主要设备运作速率	m/s	设置设备运作速率

2. 模型假设

根据实际调查所构建的仿真模型难以表现真实系统的全部结构，模型建立须在一定假设条件下将真实系统抽象化、模拟化。鉴于实验室能实现的功能较多，将其模型进行简化分解为 3 种循环，且对物流实验室作业流程做以下假设：

循环 1：托盘货体进入托盘自动化立体仓库，通过托盘堆垛机下架经辊子输送机运送至机械手，由机械手拆垛为料箱并搬运到其左侧的送货位。使用双工位垂直升降机上升到顶部、经辊子输送装置送到料箱货架存储区二层入口。由料箱堆垛机自动夹取料箱运送至料箱货架存储区的相应货位，如图 7-2 所示。

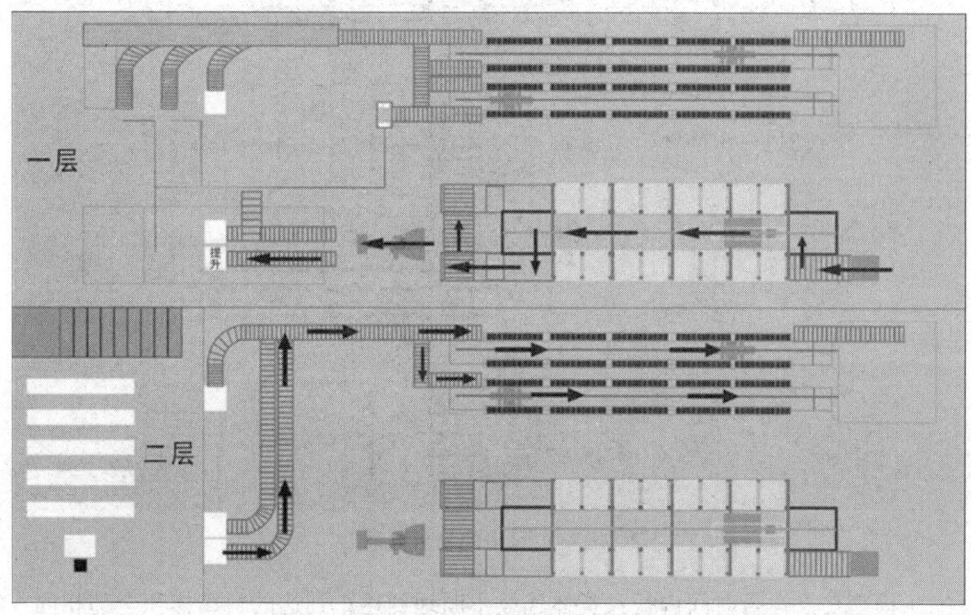

图 7-2 实验室的物流循环 1

（1）模型仿真运行时间内托盘货体连续不断地到达；到达的托盘货体体积几乎相同，每个料箱大小为 0.4 m×0.3 m×0.3 m，每个托盘大小为 1.2 m×1 m×0.15 m，每托盘的料箱共 18 箱。

（2）托盘货体的到达间隔为 3 min，到达 100 个。

（3）辊子输送机速度为 3 m/s。

（4）托盘堆垛机行走速度为 100 m/min，升降速度为 40 m/min。
（5）托盘货架最大存储量为 128 个托盘货体。
（6）机械手抓取速率为 8~9 s/（取/放次）。
（7）双工位升降机的输送速度为 300 个/h。
（8）料箱堆垛机行走速度为 180 m/min，升降速度为 150 m/min。
（9）单个料箱货架最大存储量为 960 个料箱，共计 2 个料箱货架。

循环 2：料箱货物进入料箱自动化立体仓库，由料箱堆垛机下架经辊子输送机运送至滑块分拣机分拣后再由 AGV 运送至机械手左侧辊子输送机；或由料箱堆垛机下架经辊子输送机直接用 AGV 运送至机械手左侧辊子输送机；或由料箱堆垛机下架经辊子输送机运送至滑块分拣机分拣后用单工位升降机上升到顶部，经辊子输送装置输送到双工位升降机下降至底部并运送至机械手左侧辊子输送机；通过机械手码垛为托盘货体并搬运到其右侧的送货位。由辊子输送机输送至托盘堆垛机入口，托盘堆垛机自动叉取托盘货体运送至托盘货架存储区的相应货位。最后从托盘货架存储区出库，如图 7-3 所示。

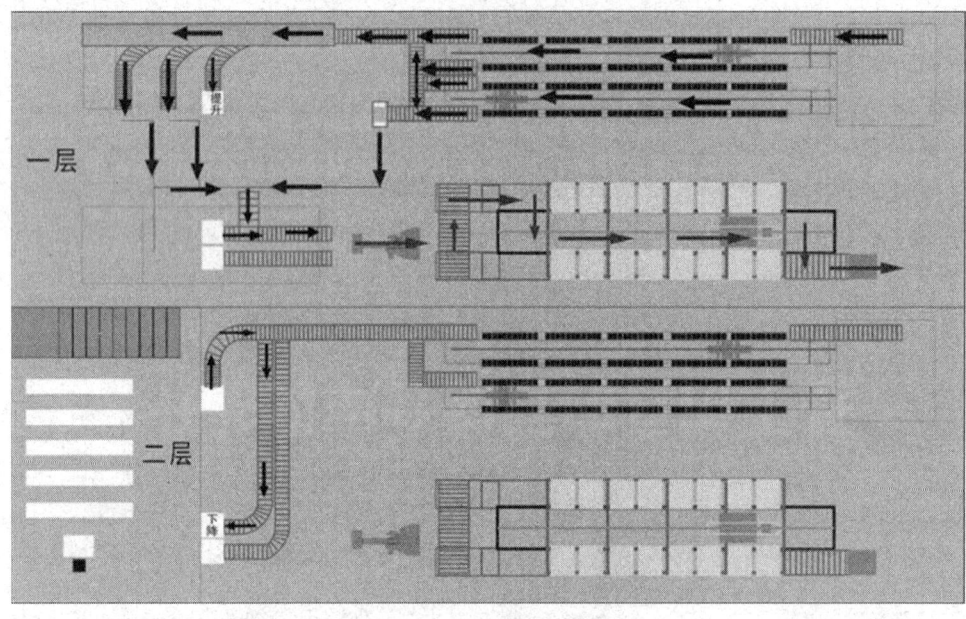

图 7-3　实验室的物流循环 2

（1）模型仿真运行时间内托盘货体连续不断地到达；到达的料箱体积全部相同，每个料箱大小为 0.4 m×0.3 m×0.3 m，每个托盘大小为 1.2 m×1 m×0.15 m，每托盘的料箱共 18 箱。
（2）每个货架料箱的到达速率为 2 个/min，每个货架到达 900 个。
（3）辊子输送机速度为 3 m/s。
（4）料箱堆垛机行走速度为 180 m/min，升降速度为 150 m/min。
（5）单个料箱货架最大存储量为 960 个料箱，共计 2 个料箱货架。
（6）机械手抓取速率为 8~9 s/（取/放次）。

（7）单工位升降机的输送速度为 300 个/h。

（8）双工位升降机的输送速度为 300 个/h。

（9）AGV 小车运送装置的速度为 1 m/s。

（10）托盘堆垛机行走速度为 100 m/min，升降速度为 40 m/min。

（11）托盘货架最大存储量为 128 个托盘货体。

（12）滑块分拣机的输送速度为 30 m/min。

循环 3：料箱货物进入料箱自动化立体仓库之后，通过料箱堆垛机下架经辊子输送机运送至滑块分拣机分拣后，用单工位升降机上升到顶部，经辊子输送装置输送到料箱货架存储区二层入口，通过料箱堆垛机自动夹取料箱运送至料箱货架存储区的相应货位，如图 7-4 所示。

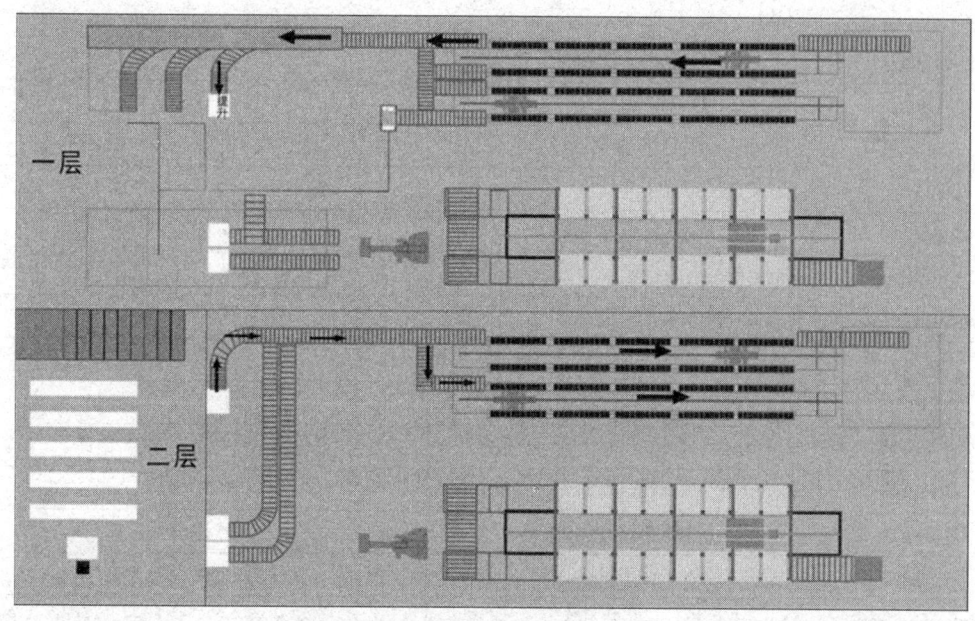

图 7-4　实验室的物流循环 3

（1）货架料箱的到达间隔为 1.5 min，每个货架到达 300 个料箱。

（2）辊子输送机速度为 3 m/s。

（3）单工位升降机的输送速度为 300 个/h。

（4）单个料箱货架最大存储量为 960 个料箱，共计 2 个料箱货架。

（5）料箱堆垛机行走速度 180 为 m/min，升降速度为 150 m/min。

7.1.3　仿真模型建立

1. 明确仿真目标

自动堆垛与智能分拣实验室各设备利用情况。

2. 元素定义及模型设置

本次实验针对 7.1.2 中的 3 个循环，分别建立 3 个模型。通过对模型的分析与假设，进行模型仿真中的各个元素的选择以及元素的功能展示，模型的元素定义与模型设置如下所示，模型的属性设置见附录 1-3。

（1）模型 1 的元素定义及模型设置。

模型 1 的元素定义见表 7-2。

表 7-2 模型 1 的功能模块元素定义

名称	模块	说明
source	Source（生成智能体）	托盘货体到达
source1	Source（生成智能体）	料箱到达
pickup	Pickup（将智能体放入智能体中）	匹配料箱和托盘
queue2	Queue（队列）	等待匹配
queue	Queue（队列）	入库暂存区
delay1	Delay（延迟智能体给定时间）	保证 1 个托盘货体/3 min
conveyor17	Conveyor（仿真输送带）	输送托盘货体至托盘堆垛机
queue1、7	Queue（队列）	保证托盘堆垛机——运送
rackStore	Rack Store（放置智能体进货架）	托盘货体进托盘货架
resourcePool	ResourcePool（定义资源单元组）	设置托盘堆垛机
delay	Delay（延迟智能体给定时间）	储存在托盘货架
rackPick	RackPick（移动智能体出货架）	托盘货体出托盘货架
convey2	Convey（通过输送带运输）	将托盘货体运送至机械手
dropoff	Dropoff（从智能体输出智能体）	将料箱拆垛
sink1	Sink（彻底移除智能体）	将托盘消除
queue3	Queue（队列）	等待机械手移动
moveByCrane	MoveByCrane（通过吊车运输货物）	用吊车模拟机械手，通过吊车移动料箱
queue4	Queue（队列）	料箱到输送带后——移动
convey	Convey（通过输送带运输）	将料箱输送带经升降机到二层输送带分岔口
conveyor20	Conveyor（仿真输送带）	确定料箱朝料箱货架移动
selectOutput	SelectOutput（根据条件引导智能体进入不同出口）	将料箱分为两个口进入不同的料箱货架
conveyor28、29	Conveyor（仿真输送带）	输送料箱至料箱堆垛机
queue5、6	Queue（队列）	保证料箱堆垛机——运送
rackStore1、2	Rack Store（放置智能体进货架）	料箱进料箱货架
resourcePool1、2	ResourcePool（定义资源单元组）	设置料箱堆垛机
rackSystem1、2	Rack System（定义货架系统）	设置料箱货架系统，使其可视
sink、sink2	Sink（彻底移除智能体）	将料箱消除

模型 1 的仿真模型图见附录 4，仿真流程图大致分为 4 部分：第一部分为生成托盘货体，进入托盘货架；第二部分为托盘从托盘货架出库，拆垛为料箱；第三部分为料箱由机械手和辊子输送机相连的升降机运送至二层辊子输送机分岔口；第四部分为料箱进入料箱货架以及出库。模型 1 根据实验室布局分为 3 层，其对应空间标记和其模型三维空间布局见附录 4。

（2）模型 2 的元素定义及模型设置。

模型 2 的元素定义见表 7-3。

表 7-3　模型 2 功能模块元素定义

名称	模块	说明
source2、source3	Source（生成智能体）	料箱到达
queue、queue1	Queue（队列）	入库暂存
queue2、3、4、5	Queue（队列）	料箱出料箱货架等待
rackStore、rackStore3	Rack Store（放置智能体进货架）	料箱进入料箱货架
delay1、delay3	Delay（延迟智能体给定时间）	储存在料箱货架
selectOutput1、selectOutput	SelectOutput（根据条件引导智能体进入不同出口）	料箱分为两个口出货，进入不同的路线
rackPick、rackPick1、rackPick2、rackPick3	RackPick（移动智能体出货架）	料箱出料箱货架
convey1、convey3	Convey（通过输送带运输）	将料箱至 AGV
conveyorEnter、conveyorEnter1	Conveyor Enter（放置智能体进入输送带网络）	输送料箱至滑块分拣机
selectOutput5	SelectOutput（根据条件引导智能体进入 5 个出口之一）	滑块分拣机的 3 个出口
convey2、convey5	Convey（通过输送带运输）	将料箱从分拣口运送至 AGV
convey1	Convey（通过输送带运输）	将料箱经升降机输送到机械手
moveByTransporter	MoveByTransporter（通过运输车运输货物）	通过 AGV 移动料箱
transporterFleet	TransporterFleet（定义物料搬运的车队）	定义 AGV
moveByCrane	MoveByCrane（通过吊车运输货物）	用吊车模拟机械手，通过吊车移动料箱
batch	Batch（放弃原始智能体再创建一个新的智能体）	将料箱码垛成为托盘货体
conveyor	Conveyor（仿真输送带）	托盘货体运送至托盘堆垛机
rackStore1	Rack Store（放置智能体进货架）	托盘货体进入托盘货架
delay	Delay（延迟智能体给定时间）	储存在托盘货架
rackPick4	RackPick（移动智能体出货架）	托盘货体出托盘货架
conveyor17	Conveyor（仿真输送带）	托盘货体运送至出货暂存区
delay2	Delay（延迟智能体给定时间）	出货暂存
sink	Sink（彻底移除智能体）	将托盘货体消除

模型 2 的仿真模型图见附录 5，仿真流程图大致分为 3 部分：第一部分为生成料箱，进入料箱货架；第二部分为料箱从料箱货架出库，进入不同的出口、进入滑块分拣机和通过 AGV 输送到机械手；第三部分为料箱由机械手码垛成为托盘货体，托盘货体进入托盘货架以及出库。（由于版本限制原因，将第三部分设置成为智能体减少模块。）模型 2 根据实验室布局分为 3 层，其对应空间标记和其模型三维空间布局见附录 5。

（3）模型 3 的元素定义及模型设置。

模型 3 的元素定义见表 7-4。

表 7-4 模型 3 功能模块元素定义

名称	模块	说明
source2	Source（生成智能体）	料箱到达
queue2	Queue（队列）	入库暂存
conveyor17	Conveyor（仿真输送带）	料箱运送至料箱堆垛机
rackStore、rackStore1	Rack Store（放置智能体进货架）	料箱进入料箱货架
delay1	Delay（延迟智能体给定时间）	储存在料箱货架
rackPick1	RackPick（移动智能体出货架）	料箱出料箱货架
queue	Queue（队列）	入库暂存
convey1	Convey（通过输送带运输）	料箱经升降机去到二层辊子输送机分岔口
conveyor20、conveyor28	Conveyor（仿真输送带）	料箱运送至二层料箱货架入口
resourcePool、resourcePool1	ResourcePool（定义资源单元组）	设置料箱堆垛机
rackSystem、rackSystem1	Rack System（定义货架系统）	设置料箱货架系统，使其可视

模型 3 的仿真模型图见附录 6，仿真流程：生成料箱→进入料箱货架→出料箱货架→进入滑块分拣机→通过升降机进入二层料箱货架入口→料箱由料箱堆垛机入库。模型 2 根据实验室布局分为 3 层，其对应空间标记和其模型三维空间布局见附录 6。

7.1.4 模型运行结果及分析

对前面建立的 3 种模型分别开始运行。模型设置的时间单位为 min，根据一天 8 h 工作时间计算，设置的仿真时间为 480 模拟时间单位，模拟模型连续进行 1 天，通过模块设定、属性设置步骤建立模型后，运行模型。

模型 1 模拟了托盘堆垛机、料箱堆垛机、拆垛机、机械手（通过吊车模拟）、双工位升降机等设施设备的工作；模型 2 模拟了料箱堆垛机、AGV、码垛机、机械手（通过吊车模拟）、升降机等设施设备的工作；模型 3 模拟了模型假设中的料箱堆垛机和单工位升降机等设施设备的工作。

对于各个设备设施的利用率进行统计，模型运行时为模型加入分析模块的时间折线图。模型运行时间为 480 min，时间折线图取 500 min 以便于观察。通过对 3 个模型的运行结果进行分析发现：

（1）模型中设备的利用率在模型运行时表现不高，主要是因为货物在到达后，储存在货架一段时间后再进行货架间的循环，模型 1 设置等待 2h，模型 2、3 设置等待 1h。若是等待时间设置过短会导致设备堵塞。

（2）模型 1 的运行是货物由托盘货架至料箱货架的循环，主要考察了堆垛机、机械手、双工位升降机的运作效率。模型 1 的运行显示双工位升降机的运作时间最多、利用率最高，机械手的利用率略小于双工位升降机的利用率，说明双工位升降机与机械手的工作效率抑制了这个模型其他设备的运作。堆垛机的设备利用率很低，一是因为堆垛机的模型建立没能实现其加速度，导致堆垛机以很高的速度运行，二是因为货物到达的间隔比其运作时间长很多共同造成的。

（3）模型 2 的运行是货物由料箱货架至托盘货架的循环，主要考查了堆垛机、单工位升降机、AGV、机械手的运作效率。模型 2 中假设货物由料箱货架出来去到单工位升降机与 AGV 两个设备的概率都为 0.5。模型 2 的运行结果显示 AGV 的运作时间最长，机械手的运作同样也消耗了大量时间。

（4）模型 3 的运行是货物在两个料箱货架之间的循环，主要考查的是单工位升降机、堆垛机的运作效率，模型 3 的运作比较简单，涉及的设备较少，主要在于单工位升降机的运作时间，但这是在货物运作间隔时间长、货物较少的情况。这一模型与其他模型一起运作时，会大大增加其他模型中单工位升降机的使用时间，导致其拥堵。

上述模型运行分析，模型中主要的问题：一是 AGV、单工位升降机、双工位升降机、机械手的运作效率较低，需要进行设备上的提升；二是模型 3 的建立在于两个料箱货架内部的转换，其过程中占用的线路会影响其他模型的运作；三是模型 2 的建立没能实现分拣系统的功能（模型上的不成熟）。

通过上面的分析可以发现，目前实验室效率较低的设备主要是 AGV、机械手、升降机这几个设备，可以优先考虑对这几个设备进行升级。另外，由于最近穿梭车式货架的兴起，因此本教材也对将货架升级成穿梭车式货架进行仿真。

7.2 搬运设备升级实验

实验室中的搬运设备主要指的 AGV。实验室中的 AGV 采用的是磁条导引的方式，这是比较早的导航方式，这种方案原理简单、技术成熟、成本低，但是改变或扩展路径及后期的维护比较麻烦，并且 AGV 小车只能按固定路线行走，无法实现智能避让，或通过控制系统实时更改任务。

随着 SLAM 算法的发展，SLAM 成为了许多 AGV 小车厂家优先选择的先进导航方式，SLAM 方式无须其他定位设施，形式路径灵活多变，能够适应多种现场环境。SLAM （Simultaneous Localization and Mapping），即同时定位与地图构建，SLAM 技术对于机器人或其他智能体的行动和交互至为关键，因为它代表了这种能力的基础：知道自己在哪里,知道周围环境如何,进而知道下一步该如何自主行动。可以说凡是拥有一定行动能力的智能体都拥有某种形式的 SLAM 系统。在未来的各类 SLAM 算法导航中,基于激光雷达的激光 SLAM 和基于视觉的视觉 SLAM(VSLAM)是两种研究最多、最可能大规模落地应用的 SLAM,基本代表着第三代 AGV 导航技术的发展方向。

因此,本实验尝试将 AGV 升级成 SLAM 激光导航 AGV,滚筒式 AGV 搬运机器人如图 7-5 所示,其参数见表 7-5。

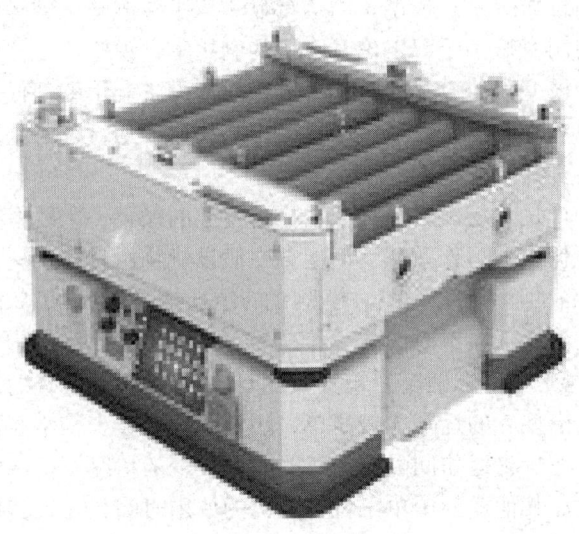

图 7-5 滚筒式 AGV 搬运机器人

表 7-5 滚筒式 AGV 搬运机器人参数

参数名	参数值
外形尺寸($L \times W \times H$)	1600 mm × 1500 mm × 420 mm
导航类型	SLAM 激光导航
负载	0~200 kg(可订制)
蓄电池	锂电池
充电方式	手动/自动
停车精度	±10 mm
驱动方式	差速驱动
运行速度	0~72 m/min
转弯半径	零转弯半径

采用这种 AGV,在模型 2 的基础上进行更换与模拟,将路径与速度重新规划,其主要是大幅度缩短了路径,运行 500 min 得到图 7-6 所示的时间折线图。

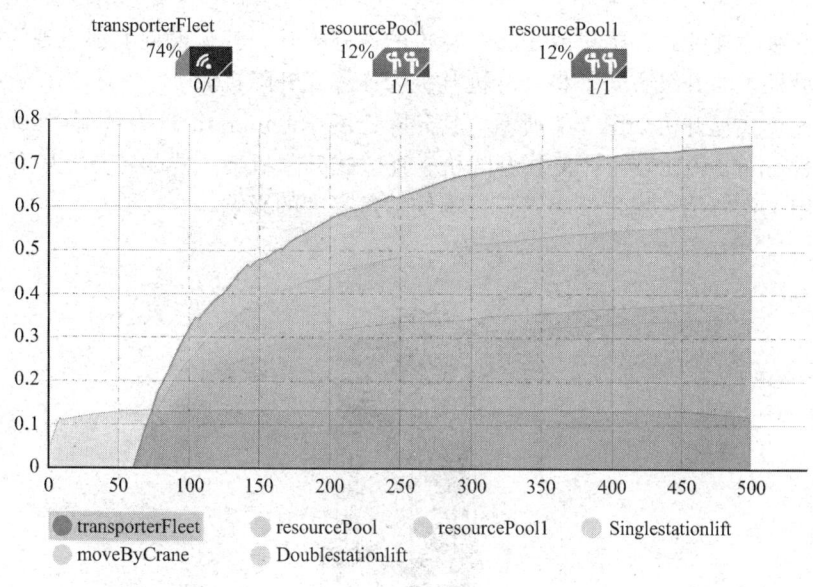

（a）更换前

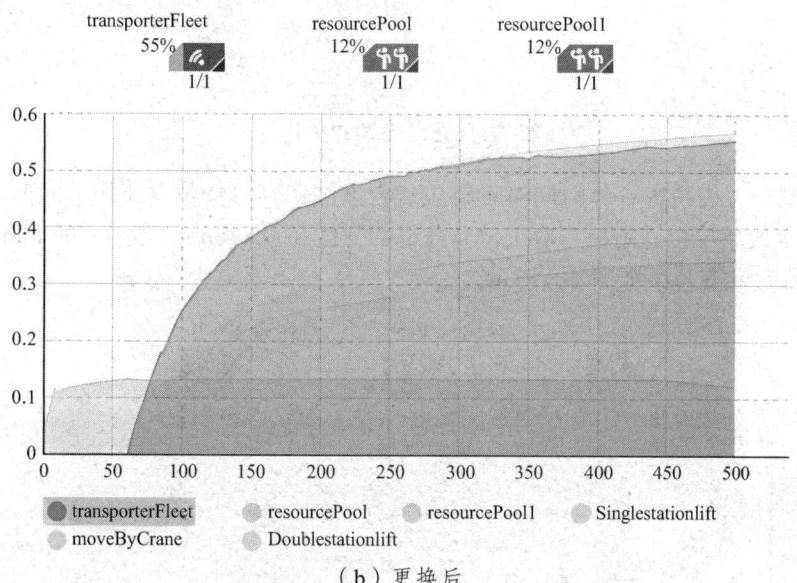

（b）更换后

图 7-6　SLAM 导航 AGV 与原模型对比时间折线图

可以看出激光 SLAM 导航的 AGV 在选择路线对比原来的磁条导航更加灵活智能，能够减少更多的运作时间，也不需要对场地上的磁条进行维护。

7.3　升降机的升级实验

实验室中的升降机是只有一个载货托板的轻载往复式 C 型升降机，若是将实验室中的升降机升级为连续式升降机或是将升降机的速率提升,其在模型上都表现为升降速度的提升。最根本的升级方式是将升降机升级为连续式升降机。

轻载连续式提升机如图 7-7 所示,其升降速度<40 m/min,最大载荷<2000kg,输送节拍<30 件/min。相比较于往复式升降机,连续式升降机最主要的特点是工作时搁板的回程不占用工作节拍,输送效率高,且不受输送高度的影响。

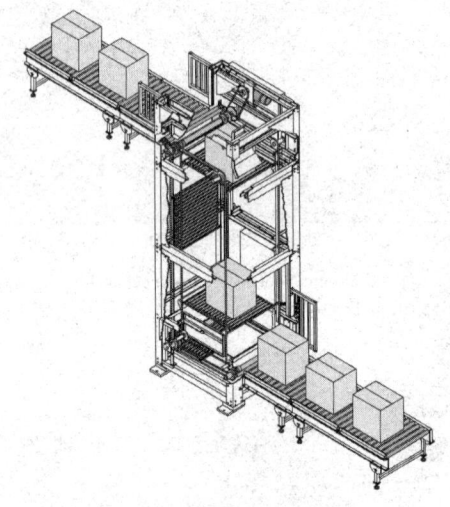

图 7-7 轻载连续式提升机

在模型中,表现为计算时间时不将载货台空载回到接货位置所用的时间记录进去。用模型 2 更改单工位升降机与双工位升降机的速度为 0.67 m/s,运行 500 min 得到时间折线图、参数和变量,如图 7-8 所示。

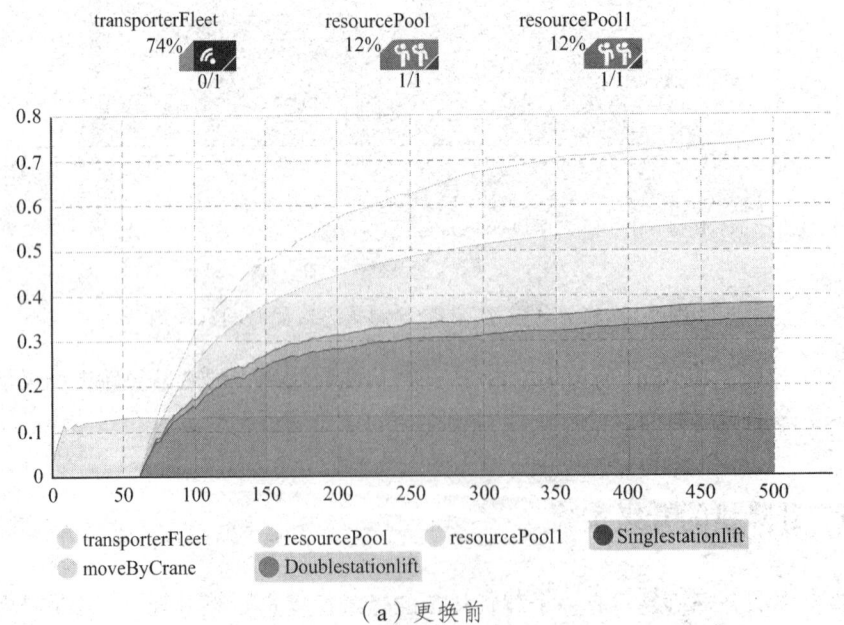

(a)更换前

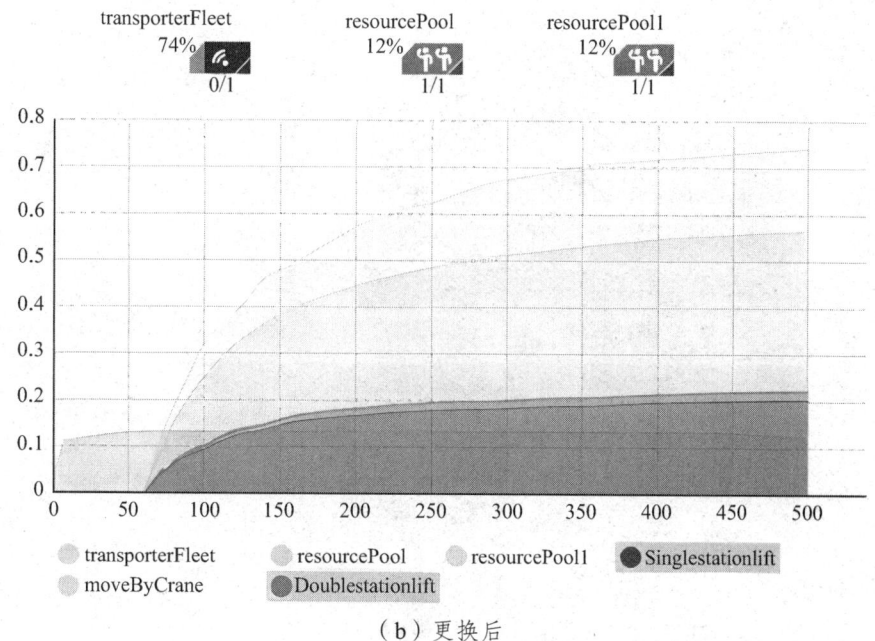

(b) 更换后

图 7-8　更改为连续式升降机与原模型对比时间折线图

可见升级后的连续式升降机的运行时间更短，运行效率更高。

7.4　机械手的升级实验

实验室中码垛机器人是多关节码垛机器人，采用夹板型末端执行机构拆/码垛货物，速度较慢，夹板型末端执行机构常用于尺寸较大的箱型物料，在码垛时要求箱与箱之间必须留有较宽的空隙，降低了托盘的载货率。要对机械手进行升级，一方面可以选择速度和精度更高的设备，另一方面也可以考虑将夹板型末端执行机构换成其他方式。机器人 IRB460（见图 7-9）采用 Flex-Gripper 柔性夹持真空吸尘器末端执行机构，它是最快的四轴多功能工业机器人，能显著缩短各项作业的节拍时间，大幅提升生产效率。其参考数据见表 7-6。

表 7-6　机器人 IRB460 参数

参数名	参数值
到达距离	2.4 m
有效荷重	110 kg
操作节拍	荷重 60 kg 条件下 2190 次循环/h
重复定位精度	0.2 mm
控制器	IRC5 单柜型

图 7-9　机器人 IRB460

将模型 2 中的机械手抓取速率更改为 2~3 s/(取/放个)，运行 500 min，得到时间折线图、参数和变量如图 7-10 所示。

可以看出，机械手的工作效率显著提升，其极高的工作效率可以满足 3~4 倍设备更换前的货物进行运行。

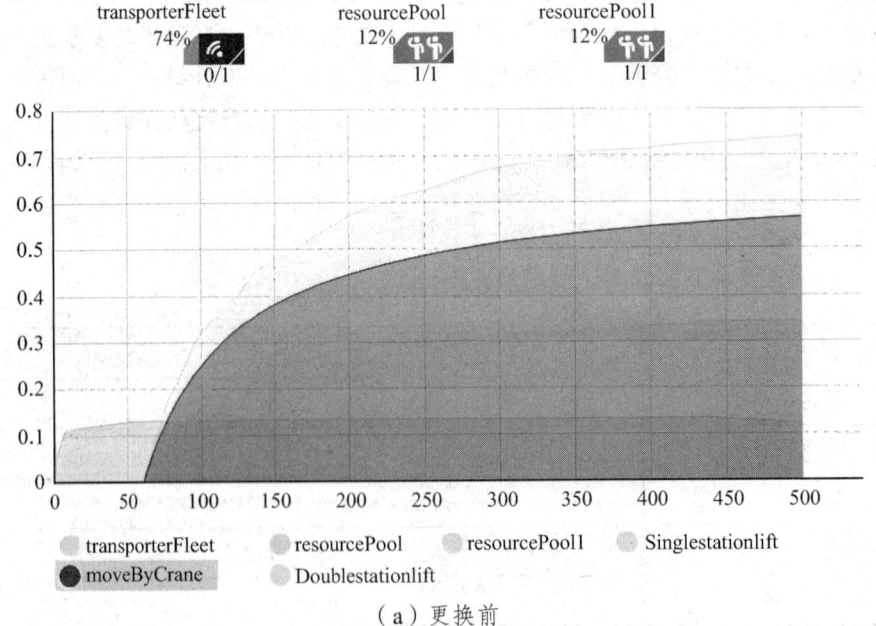

（a）更换前

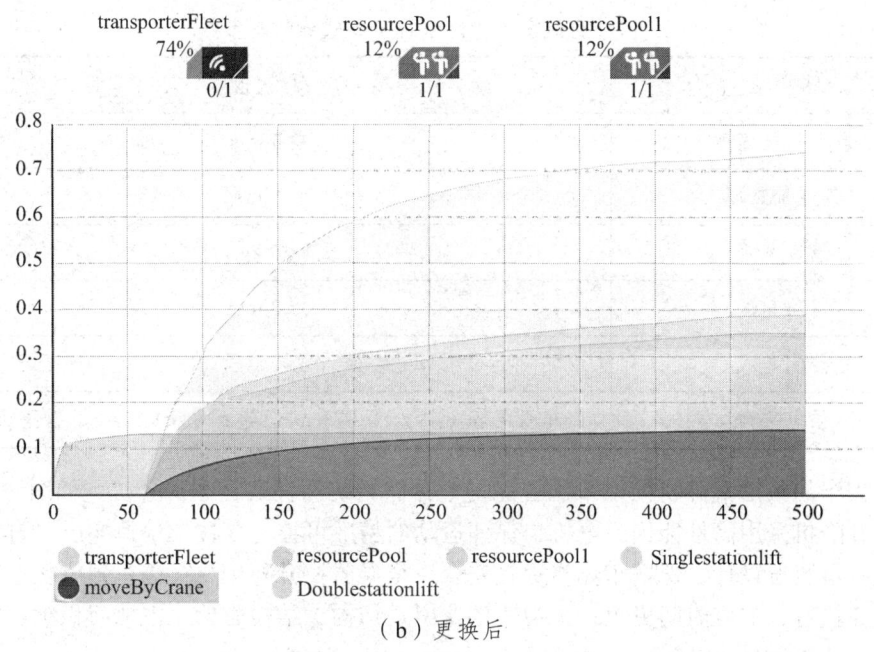

（b）更换后

图 7-10　升级后的机械手与原模型对比时间折线图

7.5　料箱自动化立体仓库的升级实验

实验室中的料箱货架采用的是堆垛机进行上货/取货，虽然料箱货架堆垛机的利用率不高，但是在多个模型的共同作用下，模型 3 的工作流程占用了单工位升降机和二层辊子输送机，对于整个系统来说相当不利，所以将料箱货架改为料箱式多层穿梭车专用货架、利用四向穿梭车进行运输，就可以做到加强货架之间的联系。

智能密集存储系统全向式穿梭车如图 7-11 所示。该穿梭车具有四向行驶与跨层功能，具备超强扩展性与灵活性，其参数见表 7-7。

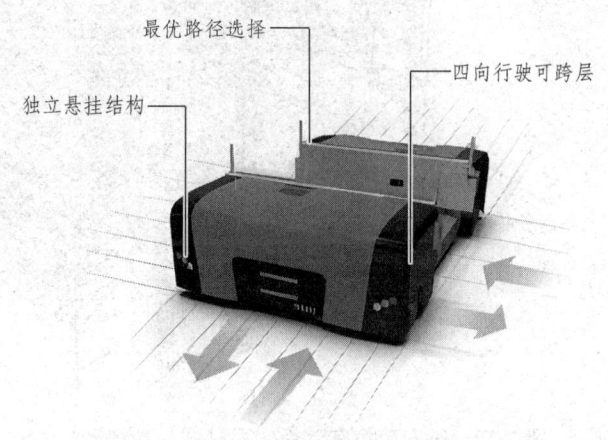

图 7-11　智能密集存储系统全向式穿梭车

表 7-7 智能密集存储系统全向式穿梭车参数

参数名	参数值
最大行驶速度	2.5 m/s
最大加速度	1.2 m/s^2
最大载重	50 kg
定位精度	±2 mm
控制单元	嵌入式控制器/PLC
供电方式	超级电容（48V）+磷酸铁锂电池（24V10Ah）智能切换

穿梭车的换层升降机同样采用智能密集存储系统两柱式轻载提升机，如图 7-12 所示。该升降机采用高性能伺服电机，保证运动的精准可控与穿梭车快速换层；自动开关的防止坠落装置设计，保证车体与货物安全；全局监控升降机与穿梭车到位状态，消息驱动任务执行，响应时间更短；采用两柱龙门式结构，结构简单、占地面积小、安装维护方便，其参数见表 7-8。

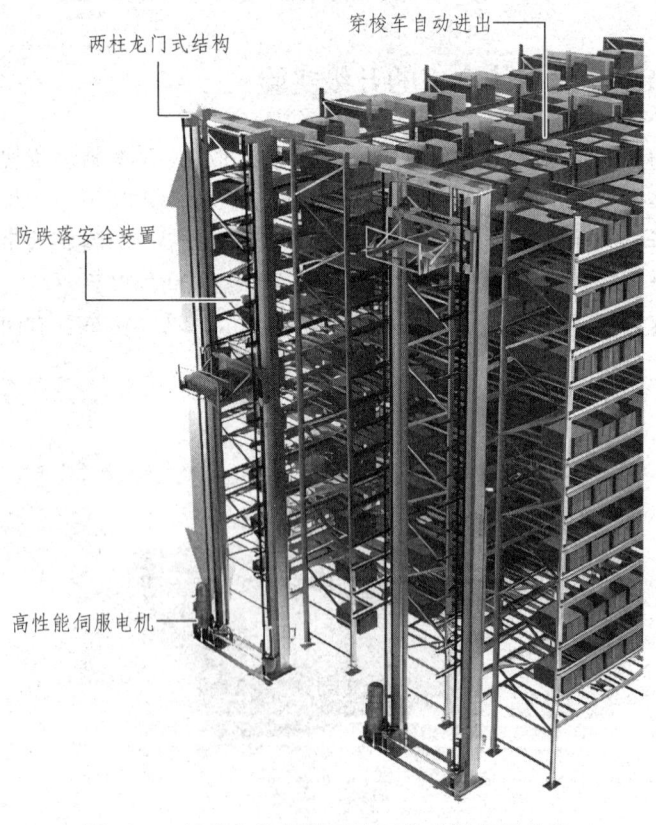

图 7-12 智能密集存储系统两柱式轻载提升机

表 7-8　智能密集存储系统两柱式轻载提升机

参数名	参数值
最大升降速度	4 m/s
最大加速度	3 m/s^2
最大载重	150 kg
定位精度	±2 mm

将模型 2 进行修改，做一个货架系统 rackSystem 在这个模块中，由于货架的集中可以将货架的数量提升至 2880 个，rackStore 模块中选择移动智能体到单元格（含高度），每层上升时间 0.15 s，使用资源移动并选择以资源速度移动，resourcePool 模块中设置为 2.5 m/s，容量设置为 4（四向穿梭车设置为 8 个），运行 500 min，得到时间折线图如图 7-13 所示。

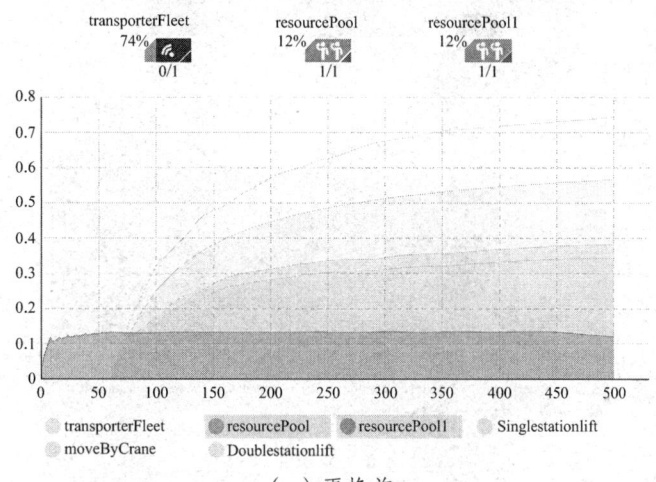

（a）更换前

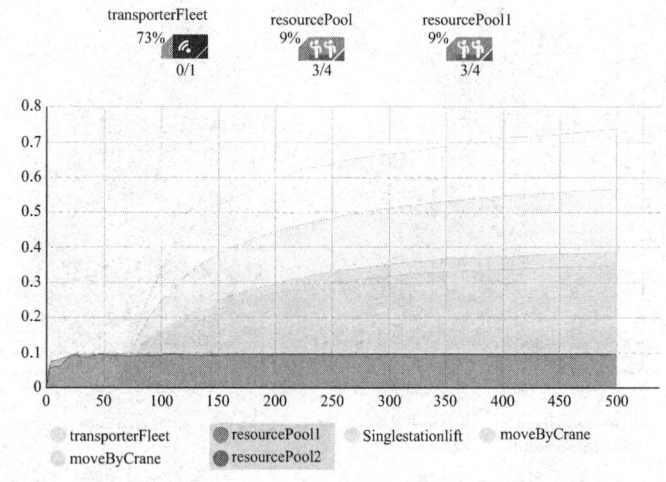

（b）更换后

图 7-13　更改为料箱式四向穿梭车专用货架与原模型对比时间折线图

在做调整之后，穿梭车相比于堆垛机的利用率有所下降，主要是因为可以任意增减穿梭车的数量来调节系统能力，模型中使用 8 个穿梭车，其运作速率就有了明显提升。货架的存储数量也从 1840 个料箱增加至 2880 个料箱，且这样更改之后就不需要占用单工位升降机的效率来进行货架系统之中的货位调整。

7.6 设备升级集成实验

综合前文各设备的升级变化，将实验室中的相应设备分别升级为 SLAM 导航的滚筒式 AGV 搬运机器人、连续式升降机、采用 Flex-Gripper 柔性夹持真空吸尘器末端执行机构的机器人 IRB460、多层穿梭式货架、料箱式四向穿梭车。根据上述设置修改模型 2，运行 500 min，与原模型进行比较的时间折线图如图 7-14 所示。

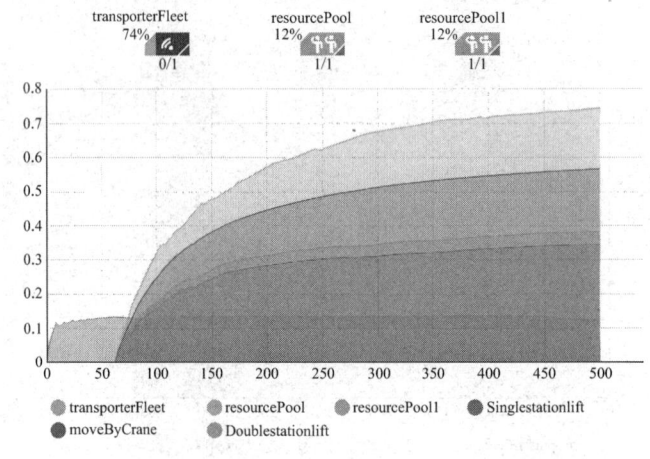

(a) 更换前

(b) 更换后

图 7-14 设备升级集成后模型 2 与原模型对比时间折线图

可以看出，更换后模型的运行效率已经大大提升，在模型设置工作时间都为 500 min，货物到达间隔都为 30 s 的情况下，原模型 2 的 AGV 利用率已经超过 70%，加之前面货物在货架上等待的时间，AGV 的利用率已经接近满负荷状态。但模型优化后 AGV 的利用率只有 55%，处理的效率大大提高。可以将货物的到达间隔改为 20 s，其时间折线图中，各设备的利用率与原模型相差无几，如图 7-15 所示。整体设备升级后实验室处理货物的能力提升了将近 50%，特别是机械手的运作效率大幅提升。

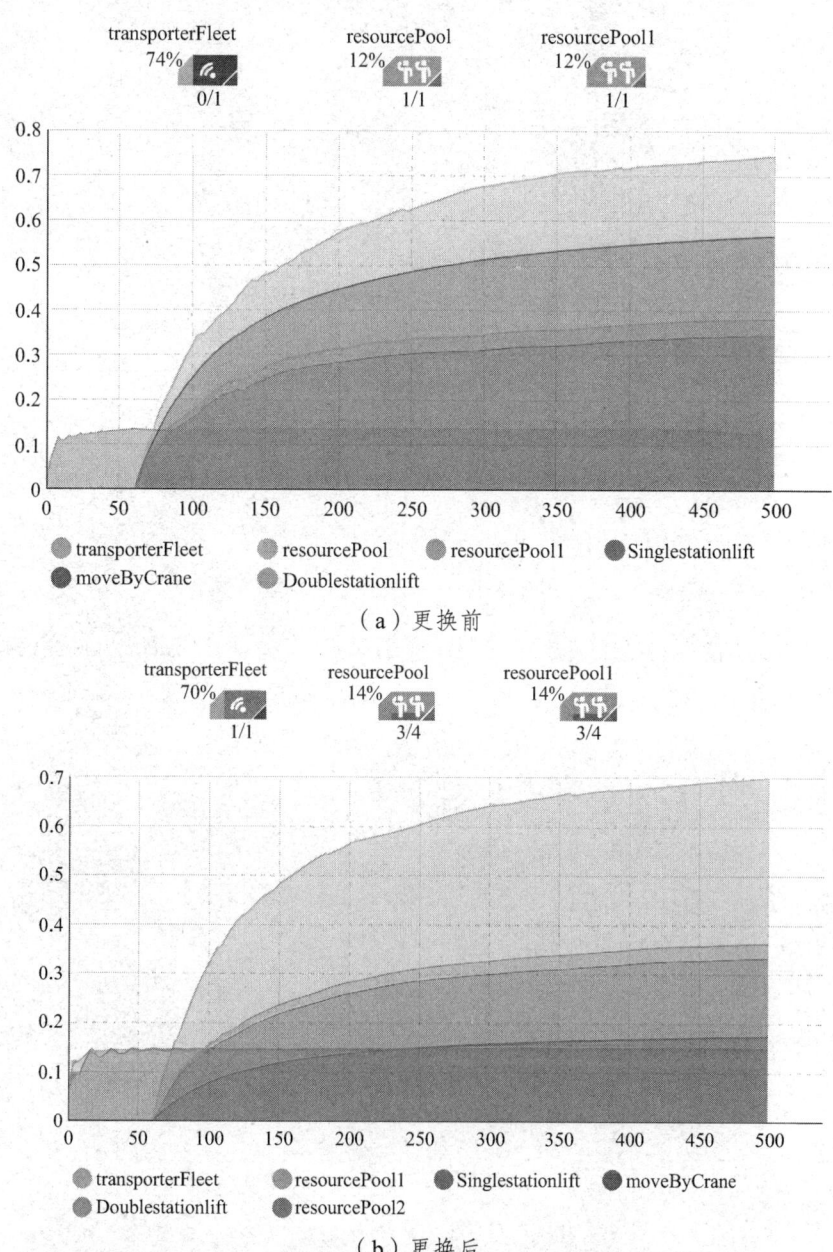

（a）更换前

（b）更换后

图 7-15　货物间隔变为 20 s 与原模型对比时间折线图

同学们也可以尝试对其他设备进行进一步的升级并观察升级前后设备的利用率、效率的变化以及整个系统的效率变化。

附录 1

附表 1-1 模型 1 总体参数属性设置

名称	属性/设置
模型名称	Laboratory model1
时间单位	min
AnyLogic 库	流程建模库 物料搬运库
最高层智能体	Main
执行模式	真实时间，比例 1

附表 1-2 模型 1 中模块 source、source1 属性设置

名称	属性/设置
source	Source
到达速率	0.1/s
有限到达	√1800
到达位置	网络/GIS 节点：node3
智能体	Bins
source1	Source
间隔时间	3 min
有限到达	√100
到达位置	网络/GIS 节点：node3
智能体	Tray1

附表 1-3 模型 1 中模块 pickup 属性设置

名称	属性/设置
pickup	Pickup
拾起	给定数量（如果可用）
数量	18
拾取自	指定的 Queue 对象
Queue 对象	queue2

附表 1-4　模型 1 中模块 queue、queue1、queue2、queue3、queue4、queue5、queue6、queue7 属性设置

名称	属性/设置	名称	属性/设置
queue	Queue	queue4	Queue
最大容量	√	容量	1
智能体位置	node	智能体位置	node7
queue1	Queue	queue5	Queue
容量	1	容量	1
智能体位置	node2		
queue2	Queue	queue6	Queue
最大容量	√	容量	1
queue3	Queue	queue7	Queue
最大容量	√	容量	1
智能体位置	node6		

附表 1-5　模型 1 中模块 delay1 属性设置

名称	属性/设置
delay1	Delay
类型 延迟时间	指定的时间
容量	3.5

附表 1-6　模型 1 中模块 rackStore 属性设置

名称	属性/设置
rackStore	Rack Store
托盘货架/货架系统	palletRack
选择单元格最接近	存储区的后面
移动智能体到	单元格底层
使用资源移动	√
资源集（替代）	resourcePool1
以资源速度移动	√
返回归属地	如果无其他任务

附表 1-7　模型 1 中模块 delay 属性设置

名称	属性/设置
delay	Delay
类型	指定的时间
延迟时间	0.5 h
容量	128

附表 1-8　模型 1 中模块 rackPick 属性设置

名称	属性/设置
rackPick	Rack Pick
托盘货架/货架系统	palletRack
目的地是	网络节点：node1
移动智能体到	单元格底层
取智能体自	单元格（含高度）
每层下降时间	1.8 s

附表 1-9　模型 1 中模块 convey2 属性设置

名称	属性/设置
convey2	Convey
源输送带	conveyor8：3 m/s
目标输送带	conveyor9：3 m/s

附表 1-10　模型 1 中模块 dropoff 属性设置

名称	属性/设置
dropoff	Dropoff
容器类型	Tray1
元素类型	Bins
放下离开时	agent.setLocation（node6）

附表 1-11　模型 1 中模块 resourcePool、resourcePool1、resourcePool2 属性设置

名称	属性/设置
resourcePool	ResourcePool
新资源单元	Resource1
速度	328ft/min
归属地位置	node2
resourcePool1	ResourcePool
新资源单元	Resource1
速度	590 ft/min
归属地位置	node23
resourcePool2	ResourcePool
新资源单元	--Resource1
速度	590 ft/minnode21
归属地位置	

附表 1-12　模型 1 中模块 moveByCrane 属性设置

名称	属性/设置
moveByCrane	MoveBy Crane
节点	node7
最小安全高度	2 m
吊车	crane
装载时间	1 s
卸载时间	1 s
释放后，钩子	如果无其他任务返回到初始位置
crane	悬臂起重机
小车速度	1 m/s
提升速度	0.8 m/s
吊臂旋转速度	180 °/s

附表 1-13　模型 1 中模块 convey 属性设置

名称	属性/设置
convey	Convey
源输送带	conveyor3：3 m/s
目标输送带	conveyor2：3 m/s
lift	升降机
楼层	0.6 m
主平台	√
提升速度	0.68 m/s
拾起时间	1 s
放下时间	1 s
lift3	升降机
楼层	4 m
指向主平台	lift

附表 1-14　模型 1 中模块 conveyor17、conveyor20、conveyor28、conveyor29 属性设置

名称	属性/设置	名称	属性/设置
conveyor17	Conveyor	conveyor28	Conveyor
长度	通过路径定义	长度	通过路径定义
速度	3 m/s	速度	3 m/spath23
智能体位置	path4	智能体位置	
conveyor20	Conveyor	conveyor29	Conveyor
长度	通过路径定义	长度	通过路径定义
速度	3 m/s	速度	3 m/s
智能体位置	path39	智能体位置	path21

附表 1-15　模型 1 中模块 selectOutput 属性设置

名称	属性/设置
selectOutput	Select Output
概率	0.5

附表 1-16　模型 1 中模块 rackStore1、rackStore2 属性设置

名称	属性/设置	名称	属性/设置
rackStore1	Rack Store	rackStore2	Rack Store
托盘货架/货架系统	storage16	托盘货架/货架系统	storage15
选择单元格最接近移动智能体到	存储区的前面单元格底层	选择单元格最接近移动智能体到	存储区的前面单元格底层
使用资源移动	√	使用资源移动	√
资源集（替代）	resourcePool1-1	资源集（替代）	resourcePool2-1
以资源速度移动	√	以资源速度移动	√
返回归属地	如果无其他任务	返回归属地	如果无其他任务

附表 1-17　模型 1 中模块 rackSystem1、rackSystem2 属性设置

名称	属性/设置
rackSystem1	Rack System
托盘货架	storage16
rackSystem2	Rack System
托盘货架	storage15

附录 2

附表 2-1　模型 2 总体参数属性设置

名称	属性/设置
模型名称	Laboratory model2
时间单位	min
AnyLogic 库	流程建模库 物料搬运库
最高层智能体	Main
执行模式	真实时间，比例 1

附表 2-2　模型 2 中模块 source2、source3 属性设置

名称	属性/设置
source2	Source
间隔时间	30 s
有限到达	√900
到达位置	网络/GIS 节点：node9
智能体	Bins
source3	Source
间隔时间	30 s
有限到达	√900
到达位置	网络/GIS 节点：node9
智能体	Bins

附表 2-3　模型 2 中模块 queue、queue1、queue 2、queue 3、queue 4、queue 5 属性设置

名称	属性/设置
queue queue1 queue 2 queue 3 queue 4 queue 5	Queue
最大容量	√

附表 2-4　模型 2 中模块 rackStore、rackStore3 属性设置

名称	属性/设置	名称	属性/设置
rackStore	Rack Store	rackStore3	Rack Store
托盘货架/货架系统 选择单元格最接近 移动智能体到 每层上升时间 使用资源移动 资源集（替代） 以资源速度移动 返回归属地	storage16 存储区的后面 单元格（含高度） 0.24 s √ resourcePool1 √ 如果无其他任务	托盘货架/货架系统 选择单元格最接近 移动智能体到 每层上升时间 使用资源移动 资源集（替代） 以资源速度移动 返回归属地	storage15 存储区的后面 单元格（含高度） 0.24 s √ resourcePool1 √ 如果无其他任务

附表 2-5　模型 2 中模块 resourcePool、resourcePool1、resourcePool2 属性设置

名称	属性/设置	名称	属性/设置
resourcePool	ResourcePool	resourcePool1	ResourcePool
新资源单元 速度 归属地位置	Resource1 590ft/min node2	新资源单元 速度 归属地位置	Resource1 590 ft/minnode23

附表 2-6　模型 2 中模块 delay3、delay1 属性设置

名称	属性/设置
delay3	Dealy
延迟时间 容量	1 h 960 个
delay1	Dealy
延迟时间 容量	1 h 960 个

附表 2-7　模型 2 中模块 selectOutput、selectOutput1 属性设置

名称	属性/设置
selectOutput	Select Output
概率	0.2
selectOutput1	Select Output
概率	0.2

附表 2-8　模型 2 中模块 rackPick、rackPick1、rackPick2、rackPick3 属性设置

名称	属性/设置	名称	属性/设置
rackPick	Rack Pick	rackPick2	Rack Pick
托盘货架/货架系统	storage16	托盘货架/货架系统	storage15
节点	node23	节点	node14
每层下降时间	0.24 s	每层下降时间	0.24 s
rackPick1	Rack Pick	rackPick3	Rack Pick
托盘货架/货架系统	storage15	托盘货架/货架系统	storage16
节点	node21	节点	node19
每层下降时间	0.24 s	每层下降时间	0.24 s

附表 2-9　模型 2 中模块 convey1、convey3 属性设置

名称	属性/设置
convey1	Convey
源输送带	conveyor12：3 m/s
目标输送带	conveyor23：3 m/s
convey3	Convey
源输送带	conveyor21：3 m/s
目标输送带	conveyor23：3 m/s

附表 2-10　模型 2 中模块 conveyorEnter、conveyorEnter1 属性设置

名称	属性/设置
conveyorEnter	Conveyor Enter
输送带	conveyor5：3 m/s
conveyorEnter	Conveyor Enter
输送带	conveyor13：3 m/s

附表 2-11　模型 2 中模块 selectOutput5 属性设置

名称	属性/设置
selectOutput5	Select Output5
概率	
概率 1	0.675：convey
概率 2	0
概率 3	0.1625：convey2
概率 4	0
概率 5	0.1625：convey5

附表 2-12　模型 2 中模块 convey、convey2、convey5 属性设置

名称	属性/设置	名称	属性/设置
convey	Convey	convey2	Convey
输送自	当前位置	输送自	当前位置
目标输送带	conveyor11：3 m/s	目标输送带	conveyor26：3 m/s
lift2	升降机	convey5	Convey
楼层	1 m	输送自	当前位置
主平台	√	目标输送带	conveyor24：3 m/s
提升速度	0.6 m/s		
拾起时间	1 s		
放下时间	1 s		
lift5	升降机		
楼层	4 m		
指向主平台	lift		
lift1	升降机		
楼层	0.6 m		
主平台	√		
提升速度	0.68 m/s		
拾起时间	1 s		
放下时间	1.s		
lift4	升降机		
楼层	4.m		
指向主平台	lift		

附表 2-13　模型 2 中模块 moveByTransporter 属性设置

名称	属性/设置
moveByTransporter	Move By Transporter
目的地是	输送带
输送带	conveyor7：3 m/s
获取运输车	√
车队	transporterFleet
装载时间	1.s
convey5	Convey
调度策略	到取货位置的最短路径
卸货时间	1.s
transporterFleet	TransporterFleet
容量	1
归属地	node13
新运输车	Resource
最大速度	1 m/s
加速度/减速度	0.3 m/s^2

附表 2-14　模型 2 中模块 convey4 属性设置

名称	属性/设置
convey4	Convey
源输送带 目标输送带	conveyor7：3 m/s conveyor11：3 m/s 秒

附表 2-15　模型 2 中模块 moveByCrane 属性设置

名称	属性/设置
moveByCrane	MoveBy Crane
节点	node6
最小安全高度	2.m
吊车	crane
装载时间	1.s
卸载时间	1 s
释放后，钩子	如果无其他任务返回到初始位置
crane	悬臂起重机
小车速度	1 m/s
提升速度	0.8 m/s
吊臂旋转速度	180°/s

附表 2-16　模型 2 中模块 batch 属性设置

名称	属性/设置
batch	Batch
批大小	18
新批	Tray1
智能体位置	node6
网络/GIS 节点	node6

附表 2-17　模型 2 中模块 conveyor、converyor17 属性设置

名称	属性/设置	名称	属性/设置
conveyor	Conveyor	conveyor17	Conveyor
速度 智能体位置	3 m/s path8	速度 智能体位置	3 m/s path4

附表 2-18 模型 2 中模块 rackStore1、rackPick4 属性设置

名称	属性/设置
rackStore1	Rack Store
托盘货架/货架系统 选择单元格最接近 移动智能体到	palletRack 存储/区的前面 单元格底层
rackPick4	Rack Pick
托盘货架/货架系统 节点 移动智能体到	palletRack node4 单元格底层

附表 2-19 模型 2 中模块 delay、delay2 属性设置

名称	属性/设置	名称	属性/设置
delay	Dealy	delay2	Dealy
延迟时间	1 h	延迟时间	triangular（0.5, 1, 1.5）
容量	128 个	最大容量	√

附录 3

附表 3-1　模型 3 总体参数属性设置

名称	属性/设置
模型名称	Laboratory model3
时间单位	min
AnyLogic 库	流程建模库 物料搬运库
最高层智能体	Main
执行模式	真实时间，比例 1

附表 3-2　模型 3 中模块 source2 属性设置

名称	属性/设置
source2	Source
间隔时间	1.5 min
有限到达	√300
到达位置	网络/GIS 节点：node15
智能体	Bins

附表 3-3　模型 3 中模块 queue2 属性设置

名称	属性/设置
queue2	Queue
最带容量	√

附表 3-4　模型 3 中模块 conveyor17、conveyor20、conveyor28 属性设置

名称	属性/设置
conveyor17	Conveyor
速度	3 m/s
智能体位置	path5
conveyor20	Conveyor
速度	3 m/s
智能体位置	path39
conveyor28	Conveyor
速度	3 m/s
智能体位置	path21

附表 3-5　模型 3 中模块 rackStore1、rackStore 属性设置

名称	属性/设置	名称	属性/设置
rackStore1	Rack Store	rackStore	Rack Store
托盘货架/货架系统	storage16	托盘货架/货架系统	storage15
选择单元格最接近	存储区的后面	选择单元格最接近	存储区的前面
移动智能体到	单元格底层	移动智能体到	单元格底层
使用资源移动	√resourcePool 1	使用资源移动	√resourcePool1 1
以资源速度移动	√resourcePool	以资源速度移动	√resourcePool1

附表 3-6　模型 3 中模块 delay1 属性设置

名称	属性/设置
delay1	Dealy
延迟时间	1 h
容量	960 个

附表 3-7　模型 3 中模块 rackPick1 属性设置

名称	属性/设置
rackPick1	RackPick
托盘货架/货架系统	storage16
节点	node23
每层下降时间	0.24 s

附表 3-8　模型 3 中模块 convey1 属性设置

名称	属性/设置
convey1	Convey
源输送带	conveyor5：3 m/s
目标输送带	conveyor18：3 m/s

附录 4

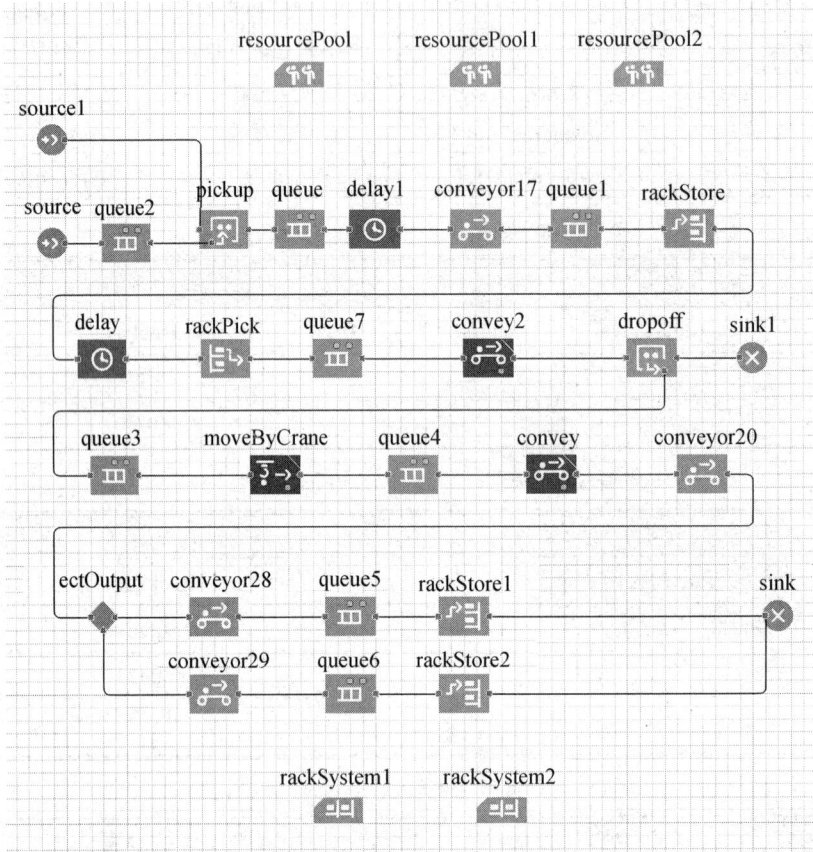

附图 4-1　模型 1 仿真模型图

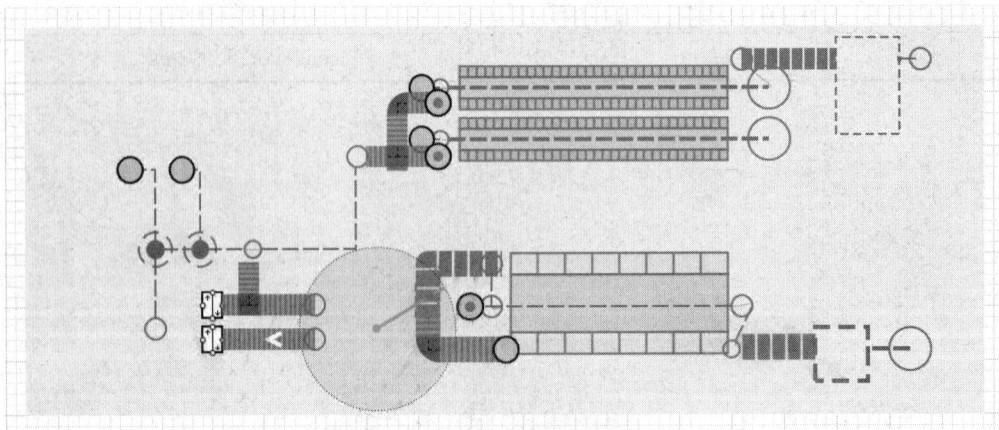

附图 4-2　模型 1 对应空间标记图层一

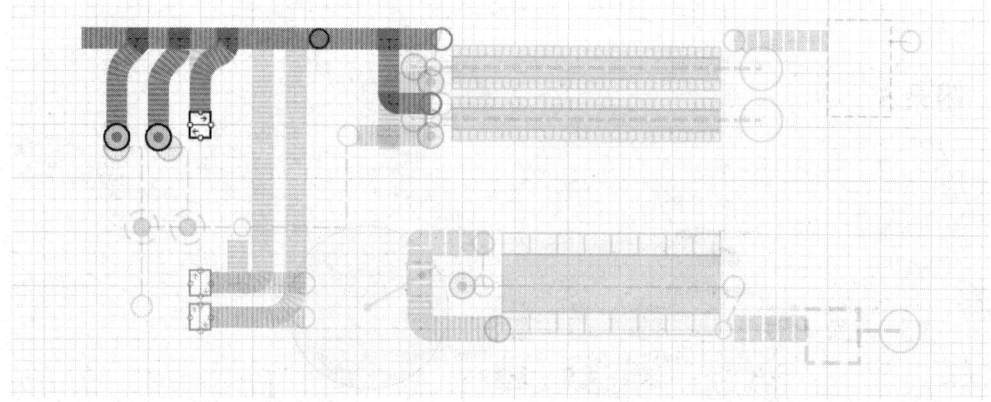

附图 4-3 模型 1 对应空间标记图层二

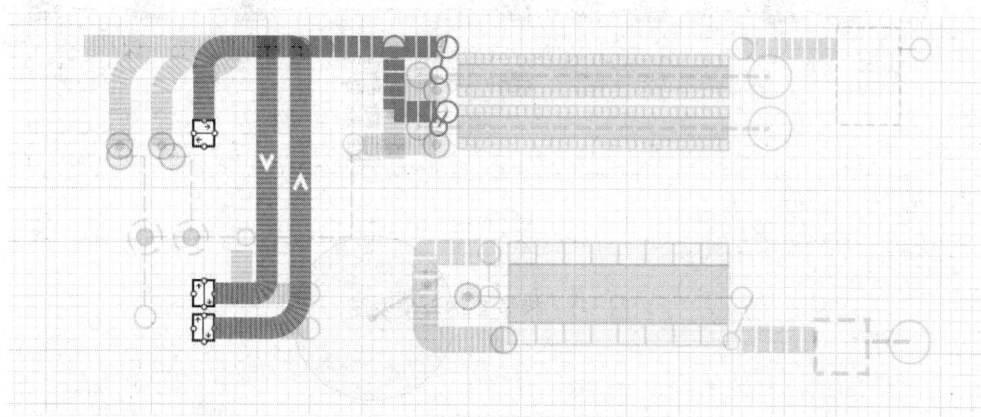

附图 4-4 模型 1 对应空间标记图层三

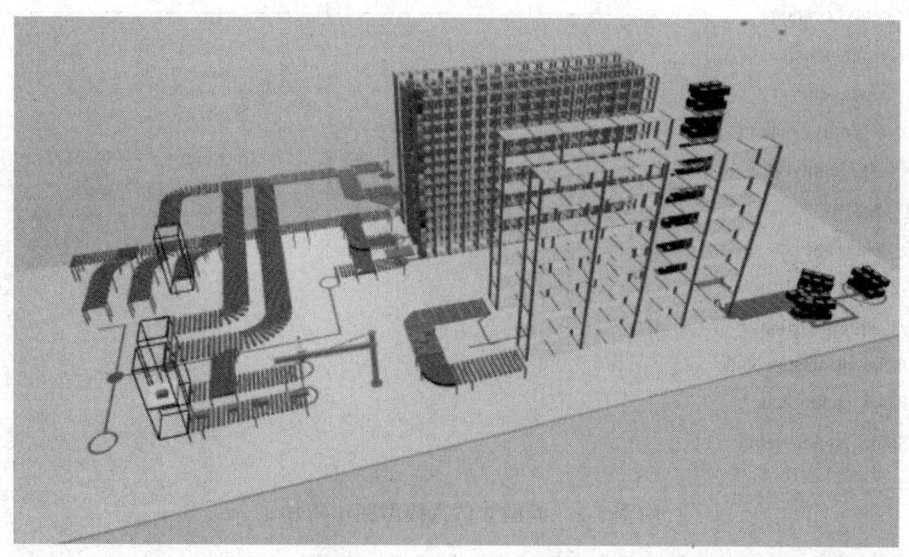

附图 4-5 模型 1 三维模型

附录 5

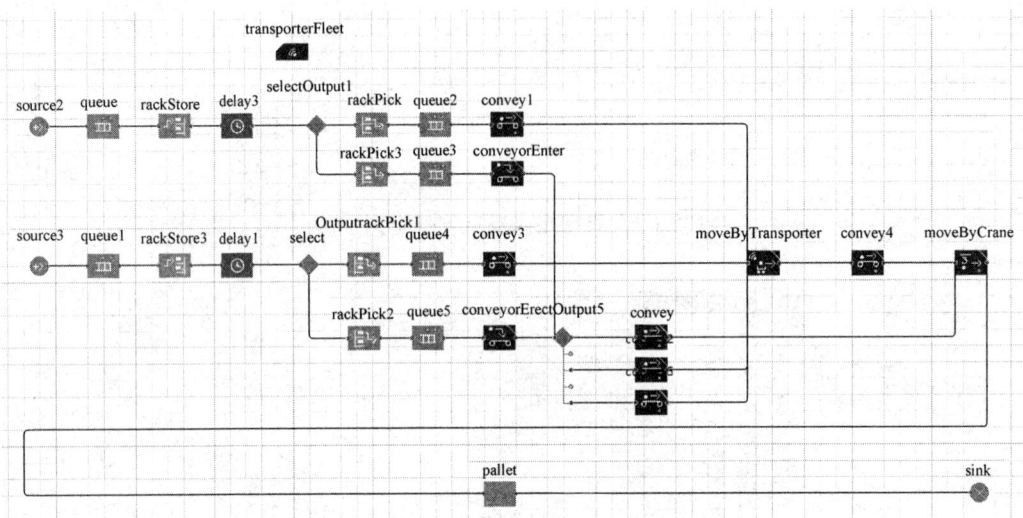

附图 5-1　模型 2 仿真模型图

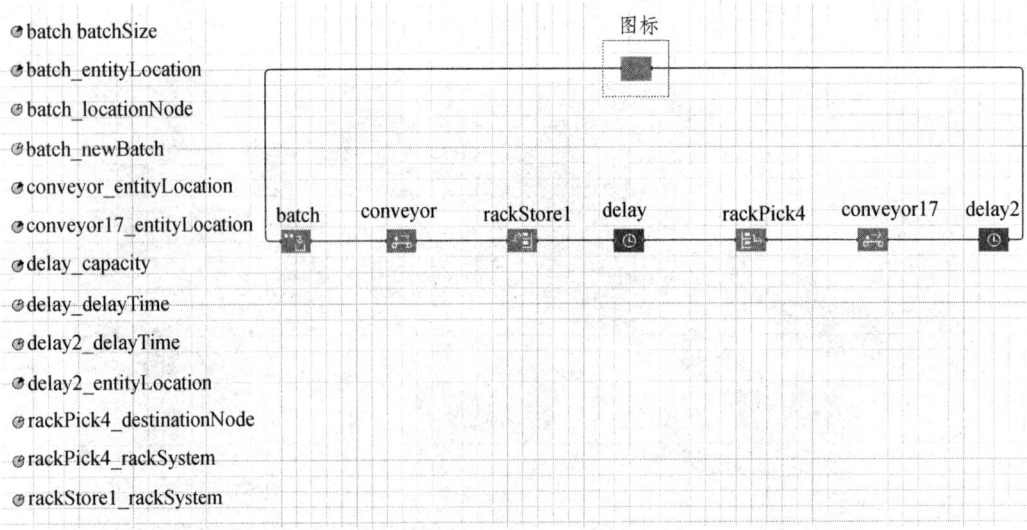

附图 5-2　模型 2 仿真模型图（附加）

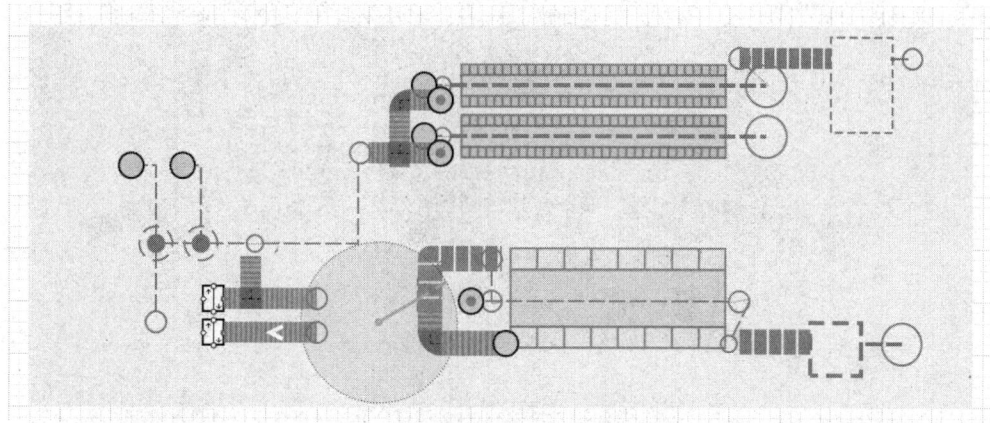

附图 5-3　模型 2 对应空间标记图层一

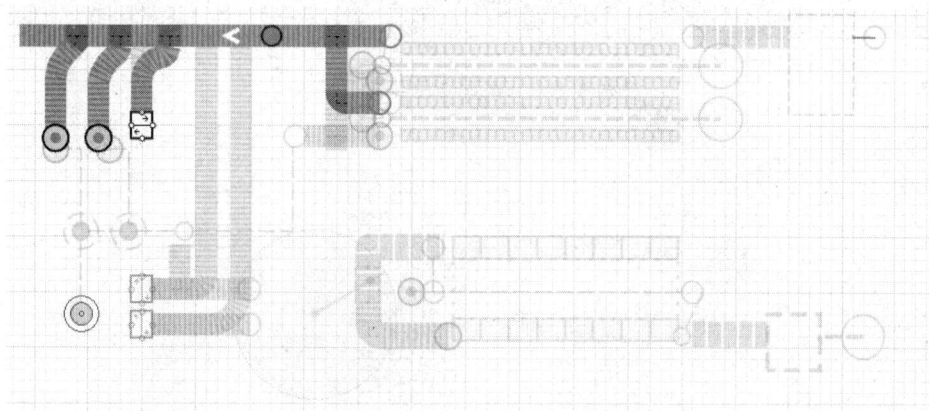

附图 5-4　模型 2 对应空间标记图层二

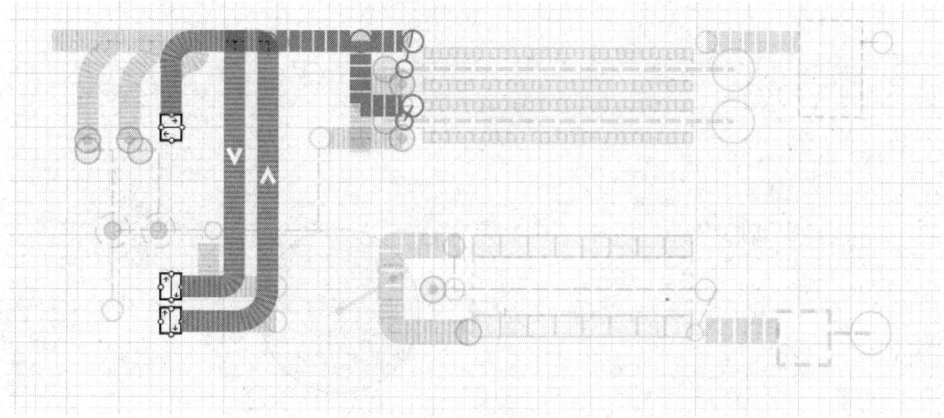

附图 5-5　模型 2 对应空间标记图层三

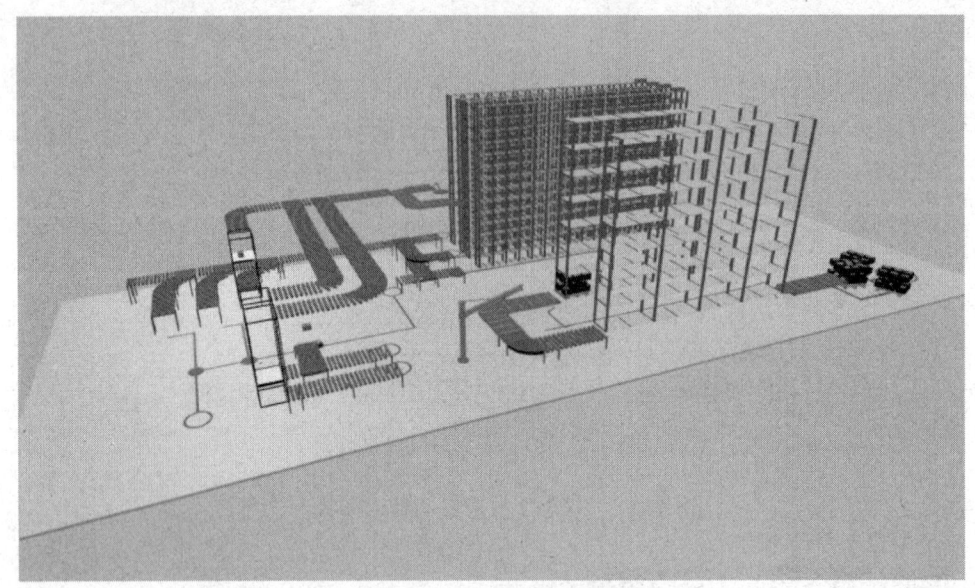

附图 5-6 模型 2 三维模型

附录 6

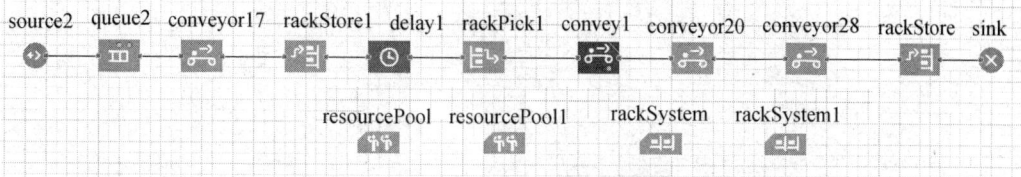

附图 6-1　模型 3 仿真模型图

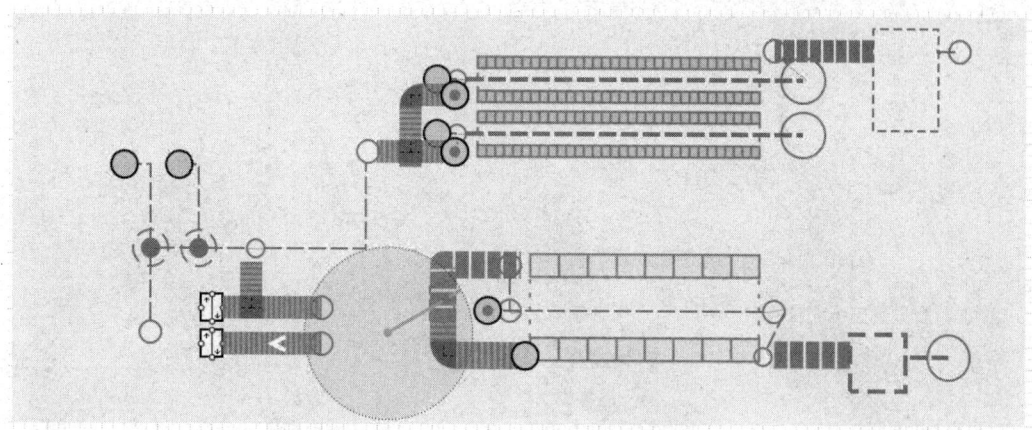

附图 6-2　模型 3 对应空间标记图层一

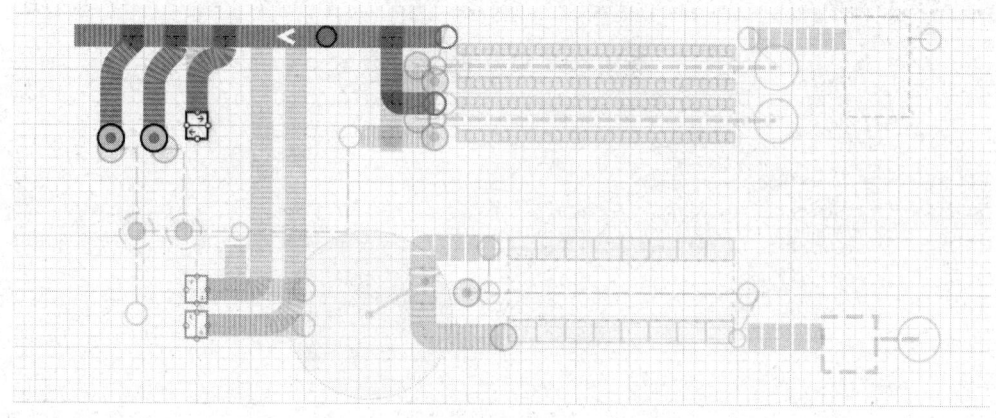

附图 6-3　模型 3 对应空间标记图层二

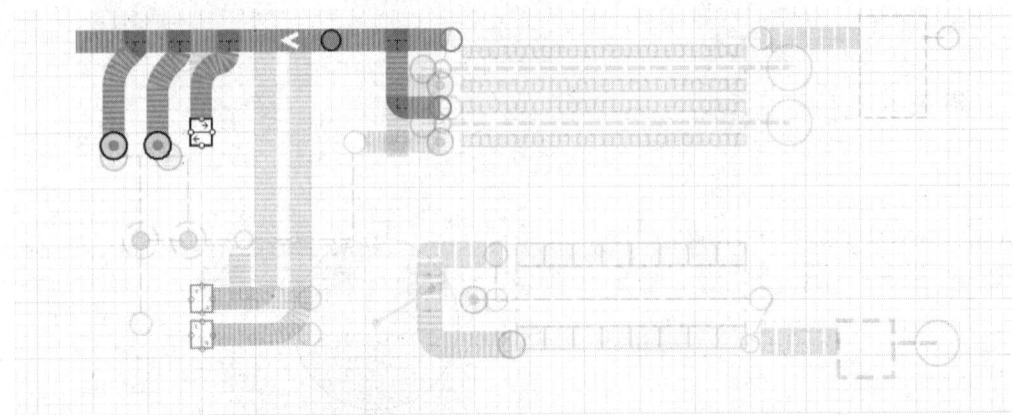

附图 6-4 模型 3 对应空间标记图层三

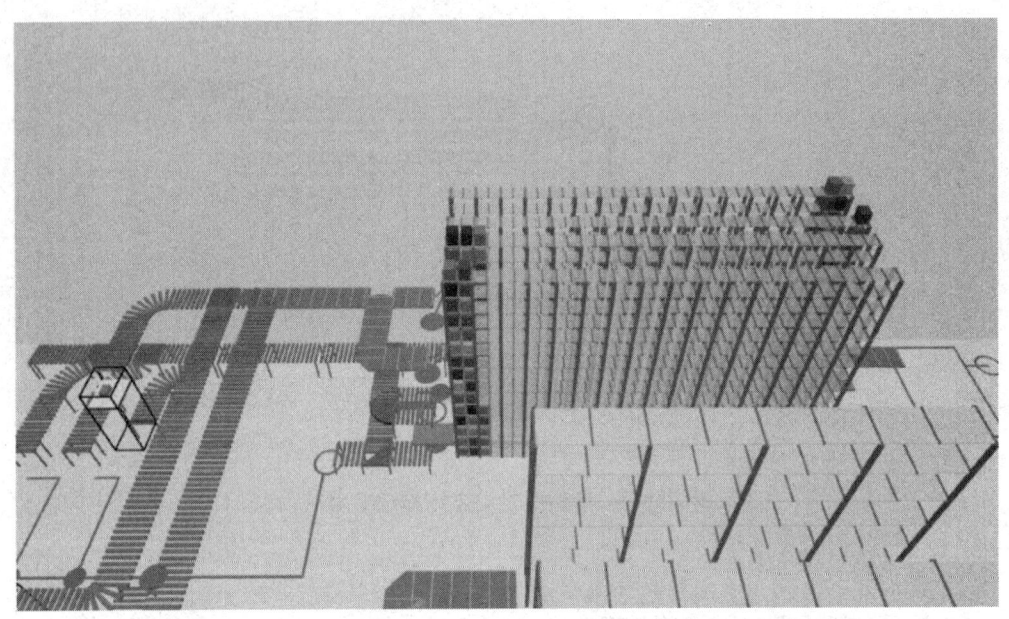

附图 6-5 模型 3 三维模型

参考文献

[1]　党争奇. 智能仓储管理实战手册[M]. 北京：化学工业出版社，2022.

[2]　王猛，魏学将，张庆英. 智慧物流装备与应用[M]. 北京：机械工业出版社，2021.

[3]　金跃跃，刘昌祺，刘康. 现代化智能物流装备与技术[M]. 北京：化学工业出版社，2020.

[4]　徐丽蕊，李静. 仓储与配送管理[M]. 北京：高等教育出版社，2021.

[5]　王成林. 物流实验实训教程[M].北京：中国财富出版社，2015.

[6]　叶运祥. 物流中心实验室系统仿真及设备拓展设计[D]，成都：西南交通大学，2022.